Kommission für Allgemeine und Vergleichende Archäologie
des Deutschen Archäologischen Instituts Bonn

AVA-Materialien

Band 32

Materialien zur
Allgemeinen und Vergleichenden Archäologie

Band 32

Frühe Keramik aus dem Jequetepeque-Tal, Nordperu

Cerámica Temprana en el valle de Jequetepeque, Norte del Perú

von
Walter Alva

Verlag C. H. Beck · München 1986

Mit zahlreichen Abbildungen

ISSN 0176—7496
ISBN 3 406 31562 3

© Kommission für Algemeine und Vergleichende Archäologie
des Deutschen Archäologischen Instituts Bonn 1986
Gesamtherstellung: Köllen Druck & Verlag GmbH, 5305 Bonn-Oedekoven
Printed in Germany

Vorwort

Die Kommission für Allgemeine und Vergleichende Archäologie ist seit ihrem Bestehen bestrebt, zur Erhellung der frühandinen Kultur beizutragen, wobei sie sich vor allem auf Nordperu, und da insbesondere auf das Jequetepeque-Tal konzentriert. In der Überzeugung, daß weiterführende Erkenntnisse im wesentlichen von systematischen Ausgrabungen zu erhoffen sind, wurden solche in der formativzeitlichen Siedlung von Montegrande durchgeführt (AVA-Beitr. 3, 1981, 415 ff.; 4, 1982, 191 ff.; 6, 1984; AVA-Mat. 39) und Forschungen in verwandten Anlagen derselben Zeit weiter flußaufwärts sowie in der Küstenzone in Angriff genommen (AVA-Beitr. 6, 1984), in Ergänzung dazu auch die Felszeichnungen des Jequetepeque-Tals systematisch erfaßt (AVA-Mat. 31). Unsere Bemühungen, ein formativzeitliches Gräberfeld ausfindig zu machen und untersuchen zu können, hatte keinen Erfolg. Bis jetzt sind die von R. Larco untersuchten Gräberfelder von Sausal und Barbaca im benachbarten Chicama-Tal die einzigen bekannten im weiten Umkreis. Sie vermitteln eine allgemeine Kenntnis vom Aussehen und der Beigabenausstattung dieser Gräber. Leider sind die aus diesen stammenden (im Museum Larco Herrera in Lima großenteils ausgestellten) Funde nur ausschnitthaft publiziert.

Dieser Spärlichkeit gut beobachteter und dokumentierter Grabfunde der formativen Zeit im Jequetepeque-Tal (dasselbe gilt für Peru insgesamt) steht die unabsehbare Menge in den sechziger und siebziger Jahren unseres Jahrhunderts von den einheimischen Bauern — größenteils aus wirtschaftlicher Not — geplünderter Gräber gegenüber, deren Ausbeute, darunter viele Stücke aus formativer Zeit, in Privatsammlungen und in den Antiquitätenhandel gelangten. Zumeist verloren diese Stücke dabei ihre Provenienzangabe, jedenfalls aber ihren Fundkontext, abgesehen davon, daß fraglos nur ein Teil des so Zutagegeförderten überhaupt erhalten geblieben und noch irgendwo zu ermitteln sein dürfte. Bei diesen für die Forschung tief zu beklagenden Verhältnissen, durch die wertvollste archäologische Befunde zerstört wurden, kommt der Tatsache erhöhte Bedeutung zu, daß es Walter Alva mit Hilfe von Bekannten gelungen ist, wenigstens einen Teil der Funde zu dokumentieren: Angaben über Fundorte und Fundumstände zu erhalten sowie Photos und Zeichnungen der Fundstücke selbst anzufertigen. Freilich darf die so zustande gekommene Dokumentation nicht mit den Maßstäben gemessen werden, die man an systematische Ausgrabungen anzulegen pflegt. Dennoch erweist sich das auf diese Weise von W. Alva Zusammengetragene angesichts unserer sonstigen Quellenkenntnis und des allgemeinen Forschungsstandes als ausgesprochen bedeutsam und ist wert, der Fachwelt bekanntgegeben zu werden. Trotz der allemal unzureichenden Kenntnis der Befunde stellt die von W. Alva im vorliegenden Band vorgelegte Sammlung von Tongefäßen, die insgesamt als formativzeitlich angesehen werden können, eine einzigartig wertvolle Bereicherung unserer Kenntnis dieser Zeitstufe im Jequetepeque-Tal (und überhaupt in Peru) dar und ergänzt wünschenswert die Ergebnisse der Ausgrabungen unserer Kommission bei Montegrande.

Während eines Besuchs bei W. Alva im Herbst 1981 hat dieser mir erstmalig seine Sammlung von Photos und Zeichnungen formativzeitlicher Gefäße aus dem Jequetepeque-Tal vorgeführt. Der Anregung, dieses Material der Forschung zugänglich zu machen, entsprach er dankenswerterweise; er ließ sich auch davon überzeugen, daß dies am zweckmäßigsten in Form einer schlichten Materialvorlage geschehen sollte, ohne den Versuch einer umfassenden, chronologischen, chorologischen, kunst-, religions- und kulturgeschichtlichen Bearbeitung bzw. Interpretation. Fertiggestellt hat W. Alva die vorliegende Arbeit während eines Forschungsaufenthaltes 1984 in der KAVA in Bonn. Die Zeichnungen wurden nach den Vorlagen W. Alvas von M. Ritter und N. Komorowski, Frankfurt, angefertigt. Dabei wurden die Zeichnungen in einem einheitlichen Maßstab (1:3) gebracht. Bei den Photos wird häufig derselbe Maßstab verwendet; nicht selten aber wird davon abgewichen. Bei der Gruppierung und der Reihenfolge, in der die Stücke vorgeführt werden, sind die Gesichtspunkte des Verfassers bestimmend gewesen. Um das Zustandekommen dieser Arbeit hat M. Tellenbach große Verdienste; ohne sein tatkräftiges Wirken und sein freundschaftliches Drängen wäre sie nicht entstanden.

Bonn, Sommer 1984 *Hermann Müller-Karpe*

Inhalt/*Indice*

Einleitung	9
Nota introductoria	25
Grupos tipológicos	41
Typologische Gruppen	
Botellas de gollete tubular	
Flaschen mit zylindrischem Hals	41
Botellas de gollete-estribo	
Flaschen mit Steigbügelausguß	44
Botellas de asa-puente	
Flaschen mit doppeltem Ausguß und verbindendem Steg	49
Botellas de gollete corto y cántaros u ollas	
Flaschen mit kurzem Hals und Kugeltöpfe mit Hals	50
Cuencos, tazas, vasos y platos	
Schalen, Tassen, Becher und Teller	51
Figurinas y miniaturas	
Figurinen und Miniaturgefäße	53
Comentario de las figuras	54
Abbildungserklärung	
Bibliographie/*Bibliografía*	100
Figuras 1—470	101
Fundortkarte/*Mapa de los sitios*	197

Einleitung

Mitte der sechziger Jahre tauchten in peruanischen Antiquitätensammlungen reich verzierte Gefäße und andere Gegenstände von „Chavín"-Art auf, wie diese bis dahin nur von wenigen ganz erhaltenen Gefäßen bekannt war. Diese spektakulären Neufunde stammten aus Raubgrabungen im nordperuanischen Jequetepeque-Tal, besonders im Bereich zwischen der Hacienda Limoncarro und Chilete. Ihre ungewöhnliche Menge und künstlerische Qualität erregte die Aufmerksamkeit von Sammlern und Antikenhändlern. Eine hemmungslose Ausraubung der betreffenden Nekropolen setzte ein. Die einheimische Bevölkerung, traditionell mit Reisanbau beschäftigt und daher in bestimmten Jahreszeiten über reichlich Freizeit verfügend, betätigte sich in massiver Weise an den Raubgrabungen, zumal durch die starke Trockenheit der Jahre 1967 und 1968 viele Menschen in Existenznot geraten waren. Die amtlichen Stellen konnten diese Raubgrabungen nicht verhindern oder zumindest zu kontrollierten Rettungsgrabungen abwandeln. Die Folgen dieser zerstörerischen Eingriffe sind heute überall sichtbar: Die vorspanischen Gräberfelder und Bauanlagen des Tales sind durchweg stark gestört; die Ausraubungen endeten erst mit der völligen Erschöpfung der Fundplätze, so daß die reichen Gräberfelder der formativen Zeit als zerstört zu betrachten sind. Die meisten der zutage geförderten Gegenstände befinden sich inzwischen in unzugänglichen Privatsammlungen der ganzen Welt; einige sind in Museen gelangt, die in ihren Katalogen Stücke bekanntgegeben haben. Die umfangreichste und beste Kollektion solcher Gefäße wurde in „Precolumbian Art of South America" von Alan Lapiner (Harry Abrams, New York 1976) abgebildet. Sie vermitteln eine gute Vorstellung von der künstlerischen Qualität dieser Erzeugnisse. In die staatlichen Museen Perus sind nur ganz wenige Exemplare gelangt, etwas mehr in einige Privatsammlungen des Landes.

Im Nachfolgenden soll eine Zusammenstellung und Vorlage von formativzeitlichen Tongefäßen gegeben werden, die mit mehr oder weniger großer Sicherheit aus Raubgrabungen im Jequetepeque-Tal stammen. Seit achtzehn Jahren versuche ich, diese Fundstücke in Photos, Zeichnungen und Notizen über Provenienz und dgl. zu erfassen, wobei ich Hinweise von interessierten Bekannten im Tal und teilweise auch aus Kreisen der Raubgräber selbst erhielt. Dadurch gewann ich nicht nur Einblicke in diese Grabräubereien, sondern konnte zahlreiche Fundstücke dokumentieren, die sonst der Fachkenntnis unzugänglich geblieben wären. Die ersten dieser Aufzeichnungen und photographischen Belege reichen in meine Schulzeit zurück. Später führte ich viele systematische Begehungen in diesem Tal durch und konnte dabei zahlreiche Informationen erhalten. Nahezu stets waren diese unvollständig und nicht wünschenswert präzise. So sehr dies zu bedauern ist, so sehr müssen wir froh sein, auf diese Weise doch wenigstens etwas von diesem Fundbestand gerettet zu haben (Fig. A; B).

Ursprünglich bestand die Absicht, die im Laufe der Jahre angewachsene Materialsammlung fortzusetzen und zur Grundlage einer systematischen und umfassenden Studie über den Stil und die Chronologie dieser Denkmälergattung zu machen. In letzter Zeit sind bei den planmäßigen Ausgrabungen im mittleren Jequetepeque-Tal weder Grabfunde noch stratigraphische Befunde angetroffen worden, die die Beurteilung jener aus Raubgrabungen stammenden Fundkollektionen wesentlich hätten fördern können. Andererseits wird man davon ausgehen dürfen, daß für die Forschung eine Bekanntgabe jenes Materialbestandes in dem jetzt vorliegenden Umfang wertvoll ist, um bei weiterführenden Überlegungen und Untersuchungen mit berücksichtigt werden zu können. Darauf wies Prof. H. Müller-Karpe mit Nachdruck hin, als ich ihm bei einem Besuch in Lambayeque im Jahre 1981 diese Funddokumentation vorführte. Er regte die Form einer Materialvorlage in den AVA-Materialien an und setzte sich für deren Verwirklichung ein. Behilflich war dabei Herr Dr. M. Tellenbach, dem ich dafür ebenfalls herzlich danken möchte. Zu Dank verbunden bin ich schließlich Ernesto Alva in Tembladera und Don Oscar Lostaunau aus Guadalupe, der wie kaum ein anderer mit der Archäologie des Tals vertraut ist. Es wäre nicht möglich gewesen, diese Materialien zusammenzustellen ohne den großzügigen Zugang zum Foto-Archiv des kürzlich verstorbenen Edgardo Kcomt in Chepén und zu den wichtigen Sammlungen der Herrn Oscar Rodríguez Razzeto in Pacasmayo, César Rodríguez Razzeto in Guadalupe und Giorgio Battistini in Chiclayo.

Besonders bedeutsam war Edgardo Kcomt, von Beruf Elektromechaniker, der sich in seiner Freizeit der Restauration von archäologischen Stücken gewidmet hat. Dadurch kam er mit Raubgräbern in Verbindung, von denen er Stücke zum Photographieren zugänglich gemacht bekam. Großzügig hat er seine Aufnahmen und Informationen mir überlassen. Als wertvoll erwies sich sodann die Sammlung con César Rodríguez Razzeto, einem der Honoratioren von Guadalupe und passionierten Sammler archäologischer Fundstücke. Abgesehen von den zugänglich gemachten Stücken aus seinem Besitz verdanke ich ihm wertvolle weitere Hinweise. Benutzt wurde ferner die Sammlung von Oscar Rodríguez Razzeto, einem Grundbesitzer in der Provinz Pacasmayo, diejenige von Giorgio

Battistini, einem Industriellen in Chiclayo. Letzterer besitzt formativzeitliche Fundstücke vor allem aus den Nachbartälern Zaña und Chancay.

Angemerkt sei noch, daß unsere Fundzusammenstellung außer den nachweislich oder wahrscheinlich aus dem Jequetepeque-Tal stammenden Gegenständen auch einige enthält, bei denen eine Herkunft aus Raubgrabungen im nördlich benachbarten Zaña-Tal zu vermuten ist. Angesichts der engen kulturellen Zusammengehörigkeit dieser Täler erscheint diese Hinzunahme gerechtfertigt.

Der Jequetepeque-Fluß in Nordperu ist einer der drei Hauptflußläufe auf der Westseite der Zentralanden, die zum Pazifik entwässern. Sie weisen zwischen Küste und Hochkordilleren Unterschiede in Flora und Fauna auf, wobei sich deutlich umgrenzte Ökologien bilden, die in verschiedenen Höhen bestimmte Landschaftsformen und Lebensräume für den Menschen entstehen ließen. Der Jequetepeque besitzt 17 Nebenflüsse, wozu noch zahlreiche seitliche Trockentäler kommen. Der Jequetepeque-Fluß wird im Norden von den Einzugsgebieten der Flüsse Chamán und Zaña begrenzt. Der Río Chamán weist einen kurzen Verlauf auf und führt nur zeitweise Wasser; der Zaña ist wichtiger und schneidet sich tiefer in die Kordillere ein. Die Nähe dieser Flußgebiete zueinander erlaubte es, im mittleren Horizont und der späten Zwischenzeit in ihren Küstengebieten ein großes Bewässerungssystem anzulegen. Mit dem heutigen Projekt eines Stausees im mittleren Jequetepeque-Fluß wird ein ähnliches Bewässerungssystem bezweckt.

Nach Süden, in der Küstenzone getrennt durch die ausgedehnte Cupisnique- und Paijánwüste, folgt als nächstes das Chicama-Tal. Die meisten hier aufgeführten Fundstücke stammen aus dem mittleren und unteren Abschnitt des Jequetepeque-Tals, d. h. dem Gebiet zwischen Chilete (in 700 m Höhe), von wo ab der Fluß den Namen Jequetepeque führt, und seiner Mündung nahe dem Dorf desselben Namens. In diesem etwa 70 km langen Flußabschnitt gibt es zahlreiche archäologische Anlagen aus verschiedenen vorspanischen Epochen, die eine lange kulturelle und historische Entwicklung bezeugen.

Funde der lithischen bzw. präkeramischen Zeit fehlen. Eventuell haben die dichten Besiedlungsreste späterer Zeitstufen die Spuren früherer Besiedlung überlagert.

Die formative Periode ist im gesamten Tal vertreten durch zahlreiche Baureste, Gräberfelder und Siedlungsspuren, die wir bei unseren zahlreichen Begehungen registriert haben.[1]

---

1 Zu erwähnen sind die Publikationen und Berichte verschiedener Autoren: Kroeber 1944, Schaedel 1951, Ishida u.a. 1960, Kosok 1965, Disselhoff 1957, Ubbelohde-Doering 1957—1959, etc.

Im oberen Teil des Tales zwischen Chilete und Tembladera (420 m hoch gelegen) münden auf der Nordseite die Flüsse Puclush und Pallac ein, auf der Südseite der Huertas-Fluß und der Contumazá. Diese Flüsse stellen die traditionellen Verbindungen zu den benachbarten Flußsystemen von Zaña und Chicama dar (Karte 1). Reste von Architekturanlagen aus formativer Zeit sind vereinzelte Huacas, die durchweg stark gestört sind. Dazu dürften kleine Bauten mit Steinmauern gehören. Sie liegen mitunter in der Talaue oder dicht oberhalb der Seitenterrassen des Flusses und sind gewöhnlich umgeben von ausgedehnten, durchweg ausgeraubten Friedhöfen. Diese letzteren sind vom Dorf Llallán an eindeutig festzustellen und ziehen sich ohne Unterbrechung bis in den unteren Teil des Tales fort, unterbrochen nur an Stellen, wo naturlandschaftliche Bedingungen eine Besiedlung verhinderten. In der Umgebung vieler solcher Friedhöfe konnten wir Terrassierungen und Reste von Wohnanlagen offenbar derselben Zeit feststellen. Die Verteilung der immer am Fluß liegenden Siedlungen und die landwirtschaftliche Nutzung der Talsohle scheinen von den heutigen Verhältnissen nicht sehr verschieden gewesen zu sein: intensive Bodennutzung in der Talaue, geringe in den seitlichen Trockentälern, mit kleinen, unabhängig voneinander bestehenden Bewässerungssystemen, die eine beträchtliche Ergiebigkeit des Bodens sichern. Ähnliche Verhältnisse bestehen im Mittelteil des Tales, zwischen Tembladera und Ventanillas, wo das Tal breiter wird und größere Siedlungskammern bietet. Die formativzeitlichen Friedhöfe und Siedlungen erstrecken sich hier auch auf die Hangschuttkegel und -senken nahe dem Fluß. Auf den weiten Hangschuttfächern zwischen den Dörfern Montegrande und Chungal findet sich eine Konzentration größerer Sakralplattformen, die offensichtlich der formativen Zeit angehören (eine davon in AVA-Mat. 39).[2] Dieser Teil des Tales wurde anläßlich der beabsichtigten Errichtung eines dortigen Stausees intensiv begangen und kartographiert,[3] nachdem hier von 1964 an eine massive Ausraubung formativer Gräber stattgefunden hatte.

Nahe Ventanillas (in 250 m Höhe) findet sich die Grenze zwischen dem mittleren und unteren Talbereich. Letzterer ist durch den küstennahen Landschaftscharakter gekennzeichnet. Bis hierhin finden sich Anlagen der Moche-Kultur. Hier liegt auch der Ausgangspunkt eines komplizierten präspanischen Bewässerungssystems auf der Nordseite des Tales. Friedhöfe und andere Reste formativ-

---

[2] M. Tellenbach hat im Auftrag der Kommission für Allgemeine und Vergleichende Archäologie des Dt.Arch.Inst. 21 Monate hindurch auf der Meseta 2 von Montegrande Grabungen durchgeführt (Tellenbach 1981, 1982, 1984).

[3] Rogger Ravines leitete die offizielle Rettungsgrabung des Instituto Nacional de Cultura mehrere Jahre hindurch (Ravines 1981; 1982).

zeitlicher Besiedlung sind hier deutlich erkennbar, so bei Pampa Guanábano, Tolón, Cafetal, Cerro Pitura, Cerro San José und in den Randgebieten von Cerro Prieto und Santonte. Es gibt weiterhin Angaben über ausgeraubte Gräberfelder bei Pacasmayo und El Faro. Auch auf der nördlichen Talseite sind viele derartige Fundorte bekannt, vor allem in Ufernähe zwischen Zapotal und La Punta. Die Gebiete der Pampa Calera und Talambo weisen ebenfalls zahlreiche, sehr gestörte Gräberfelder auf. Aus einem ist ausnahmsweise eine intakte Bestattung bekannt. Zwischen Puente Mayo und Mariscal La Mar bis nach Chepén sind viele einzeln gelegene Hügel erkennbar, die möglicherweise Reste von frühen Architekturanlagen darstellen; ähnliche Beobachtungen sind zwischen Limoncarro und Faclo zu machen. Nahe Limoncarro wurde eine Gruppe von Steingefäßen mit bemerkenswerten Zeichnungen gefunden.[4] Bei Tamarindo liegt der Tempel von Limoncarro, ein Komplex von Plattformen in U-Anordnung,[5] die ursprünglich Reliefs besaßen. Zwischen Faclo Chico und Puente Blanco sind Nekropolen in kurzen Trockentälern bekannt, die die Flußaue mit der ersten Flußterrasse verbinden, zuweilen auch auf der letzteren. Architekturreste bei Pañé offenbar formativzeitlichen Alters sind durch spätere Gräber gestört worden. In der Nähe der Küste (Pacatnamú) haben wir ebenfalls einige ausgeraubte Nekropolen gefunden; Streufunde zeigen Chavín-Charakter. Von Balsar liegt ein bedeutender Komplex von Goldfunden des späten Formativums oder der frühen Zwischenzeit vor.[6] Zu erwähnen sind schließlich die zahlreichen Felsbilder mit formativen Zeichnungen im mittleren und unteren Jequetepeque-Tal (AVA-Mat. 31).[7]

Im allgemeinen weisen die formativzeitlichen Gräber keine obertägig sichtbare Bezeichnung auf, was ein Grund dafür ist, daß sie lange Zeit der Aufmerksamkeit entgingen und erhalten blieben. Nur in Ausnahmefällen scheinen sepulkrale Architekturanlagen[8] oder Grabmonumente bestanden zu haben.[9] Bei den

---

4 Der Fundort wurde später (im Jahre 1968) von einer Gruppe der Universidad Nacional de Trujillo unter der Leitung von Dr. Jorge Zevallos ausgegraben. Die Grabfunde und Materialien sind bislang unpubliziert (persönliche Mitteilung von Herrn Oscar Lostaunau). Richard Burger hat einige Steingefäße aus Limoncarro untersucht (Burger 1983).

5 Tellenbach u. a. 1984 AVA-Beiträge 6, 500f. Abb. 31—37

6 Es handelt sich um eine einzigartige Gruppe von Ritualgerät, in der Sammlung Poli befindlich (Banco de Crédito 1981, 127—167), die als „Spät-Chavín" bezeichnet worden ist, jedoch in Wirklichkeit eindeutige stilistische Verwandtschaft mit dem Frias- oder Vicús-Stil aufweist.

7 V. Pimentel hat eine sorgfältige Vorlage erarbeitet (Pimentel, AVA-Materialien 31, 1986).

8 M. Tellenbach hat Grabbauten auf Plattformanlagen gefunden (Tellenbach u. a. 1984 AVA-Beiträge 6, 491f. Abb. 8); R. Ravines erwähnt Grabtürme und Grabterrassen (Ravines 1981).

9 Wir haben im Tal zwischen Tembladera und Quindén diese Daten aufgenommen, in einigen kleineren Anlagen, die in den Jahren 1966—1968 ungestraft abgetragen wurden, um den Inhalt von

gewöhnlichen Gräbern kommen Überlagerungen anscheinend nicht vor. Eine Begrenzung des Sepulkralgeländes durch Mauern ist nur ausnahmsweise festgestellt worden, so in Talambo, Tolón[10] und Limoncarro.[11] Aufgrund der gesammelten Informationen, bei denen freilich stark mit Zufällen gerechnet werden muß, bestehen zwischen einzelnen formativzeitlichen Gräberfeldern anscheinend gewisse Unterschiede, indem beispielsweise einfache flaschenförmige Gefäße in einigen Fundorten besonders häufig erscheinen, in anderen ausschließlich bemalte rotgefärbte Knochen.

Insgesamt scheinen diese formativzeitlichen Gräber einer älteren Zeit anzugehören als die obertägig gut erkennbaren präspanischen Bewässerungssysteme des Tales. In einigen Fällen überlagern die Kanäle solche Gräber oder haben sie zerstört.[12] Unsere Beobachtungen über die Grabformen lassen sich zu folgendem Bild zusammenfassen:

(a) Geläufig sind rechteckige Grabschächte mit steingemauerten Seitenwänden; sie liegen entweder im anstehenden Gelände oder auch in Architekturanlagen, wobei in einigen Fällen eine Verbindung zwischen diesen Gräbern und den Architekturresten besteht. Nicht selten läßt sich eine sorgfältige Bauart erkennen. Eine Bedeckung durch Steinplatten erfolgte entweder in Höhe der ursprünglichen Oberfläche oder unmittelbar über dem Leichnam; mitunter scheint eine solche aber gefehlt zu haben (Abb. C).

(b) Daneben gibt es runde Gräber, ebenfalls trockengemauert. Hinsichtlich der Bedeckung entsprechen sie den rechteckigen (Abb. D).

(c) Gräber in Grabtürmen liegen unter zylindrischen Bauten aus Stein, die nach der Anlage des Grabes errichtet und außen verputzt worden sind. Neben den runden scheint es auch viereckige Bauten dieser Art gegeben zu haben, die aber nur in zerstörtem Zustand auf uns gekommen sind. Nach Mitteilung von M. Tellenbach sind diese „Türme" allemal Bestandteil von Architekturanlagen. Solche Grabtürme wurden auf der Meseta 2 von Montegrande näher untersucht (AVA-Beitr. 6, 1984, 491 ff.).

(d) Vielfach sind die Gräber als einfache runde Schächte in den anstehenden Boden gegraben; am Boden enthalten sie Skelettreste. Eine Bedeckung erfolgt ähnlich wie bei (a); meist besteht sie jedoch aus unregelmäßigen Steinen.

---

ein oder zwei Zentralgräbern zu entnehmen. (Nach Angaben von Herrn J. Terán fand sich in einem Hügel ein Grab mit zwei Steingefäßen und einem bemalten, formativzeitlichen Gefäß.)

10 Eigene Beobachtung.
11 Persönlicher Hinweis von Herrn Oscar Lostaunau.
12 Zwischen Montegrande und Chungal zerstörten die Bewohner Teile eines antiken Bewässerungsgrabens, um darunterliegende Gräber auszurauben. In Talambo konnten wir im Profil eines derartigen Kanals ein Grab dokumentieren (s. u. S. 18).

(e) Einfache Grabgruben ovaler Form sind entsprechend den vorgenannten bedeckt. Bemerkenswert ist bei einigen jedoch eine aufrecht stehende längliche Steinplatte, die offenbar als obertägig sichtbares Grabzeichen diente.

(f) Einige einfache, in hartem Gelände angelegte Schächte besitzen unten eine Seitenkammer, die mit grobem Mauerwerk oder schrägen Platten vom Schacht abgeschlossen ist. Diese Gräber erreichen eine größere Tiefe als die übrigen Bestattungen.

(g) Nicht selten sind Gräber an einzelnen Felsen angelehnt, wobei die einfachen oder mit Steinen bedeckten Grabgruben Halbkreis- oder Halbovalform haben.

(h) Selten liegen Gräber unter einem Felsabri oder in einer natürlichen Höhle. Auch in den anstehenden Fels gehauene Gräber sowie mögliche Grabhügel gehören zu den Ausnahmeerscheinungen.

Hinsichtlich der Bestattungsweise konnte teils mit Sicherheit, teils mit Wahrscheinlichkeit ermittelt werden, daß bei den Grabformen b, c, d und f seitliche Hockerlage vorkam, bei der Grabform a jedoch Strecker, bei den Grabformen e, g und h beide Formen der Totenlage. Die Beigaben lagen in der Regel beim Kopf, auf dem Körper oder unter ihm. In einem Fall waren die Gefäße als Fragmente über den Toten gestreut.[13]

Bei der Füllung der Gräber wurde beobachtet, daß diese sich meist durch Humuscharakter auszeichnet und sich dadurch vom umliegenden Gelände abhebt (was zur Entdeckung der Gräber wesentlich beiträgt), so als ob absichtlich Ackererde herbeigeschafft und dafür verwendet worden wäre.

Alle beschriebenen Grabformen scheinen in dem mittleren Abschnitt des Tales vorzukommen, während die Grabformen d, e und f anscheinend charakteristisch für den unteren Teil des Tales sind.[14]

Die wenigen Publikationen, in denen bisher formativzeitliche Fundstücke aus geplünderten Gräbern im Jequetepeque-Tal abgebildet wurden, begnügen sich mit allgemein stilistischen oder anderen Bestimmungen wie „Spät-Chavín", „End-Chavín", „Tembladera" oder „Jequetepeque". Dabei sind deutlich verschiedenartige stilistische und typologische Beziehungen und Gruppierungen erkennbar, u. a. eine Verwandtschaft mit der Cupisnique-Gruppe der Küstenzone[15] und mit der klassischen Chavín-Gruppe des Hochlandes (Chavín-Ofren-

---

13 Diese Angabe stützt sich auf Beobachtungen einer eigenen Grabung.
14 Von ähnlichen Grabformen berichtet Rafael Larco in seiner Publikation über Gräberfelder, die er im Chicama-Tal ergrub (Larco 1941).
15 Larco 1941.

das).¹⁶ Führen schon die bis jetzt publizierten Gefäße die Vielgestaltigkeit und Uneinheitlichkeit dieses Formenbestandes vor Augen, so vermittelt erst recht unsere heute vorliegende Sammlung von 470 Gefäßen und Figurinen eine Vorstellung von der Variationsbreite dieser Erscheinungen. Als sicher darf gelten, daß die hier zusammengestellten Stücke sich auf eine längere (mehrere Jahrhunderte lange) Zeitspanne verteilen.

Sowohl eine verläßliche chronologische Gliederung dieses Denkmälerbestandes als auch eine Zuweisung zu einzelnen regionalen Kulturgruppen hängt von zukünftigen Grabungsbefunden ab.

Archäologisch untersuchte Grabkomplexe: Im Herbst 1975 hatte der Verfasser Gelegenheit, Teile ausgeraubter Gräberfelder im Jequetepeque-Bereich von Cerro Talambo genauer zu kartieren und zu untersuchen.¹⁷ Hierbei konnten einige ungestörte Gräber entdeckt und dokumentiert werden, die aufschlußreich sind für die Grabsitten der formativen Zeit in diesem Talbereich. Es sind bisher nur ganz wenige formativzeitliche Gräber von der Nordküste Perus bekannt.

Der sog. Cerro de Talambo ist der letzte Ausläufer der Andenkordillere von Cajamarca, der den unteren Talbereich des Jequetepeque im Nordosten begrenzt. An den weiten Hängen ziehen sich die Pampas Calera und Talambo hin; unmittelbar unterhalb beginnen die Alluvialsedimentböden, die durch den heutigen Bewässerungskanal von Talambo — einem der Hauptbewässerungskanäle — belebt und begrenzt werden. Die Pampas und Seitenhänge enthalten bedeutende archäologische Reste aus präspanischer Zeit, darunter Architekturanlagen aus Stein und Lehmziegeln, die bisher nicht untersucht sind. Siedlungen und Friedhöfe der Formativzeit lagen auf niedrigen Hügeln nahe den heutigen Feldern und etwas oberhalb des Kanals. Zahlreiche Raubgräberlöcher waren noch frisch, so daß einige Beobachtungen über Grabformen und Ausdehnung der Gräberfelder gemacht werden konnten.

Grab 1: Dieses Grab gehört zu einer Gräbergruppe, die auf eine 60×40 m große Fläche verteilt ist und in den Jahren 1970—73 ausgeraubt wurde. Etwa 9 Grablöcher sind unregelmäßig verteilt. Daraus stammt ein bemerkenswertes, figural verziertes Gefäßfragment (fig. E). Ein Zapotestrauch hatte ein Grab vor der Zerstörung bewahrt. 15—20 cm unter der Oberfläche zeigte sich ein gelblich lehmiger Feinschotterboden, in dem sich eine ovale Grabgruppe abzeichnete

---

16 Lumbreras 1973.
17 Die Ausgrabungen wurden im Zusammenhang eines großen Forschungsprojekts durchgeführt. Wir wurden von der Kooperative Talambo mit Arbeitern und Material unterstützt, den Mitgliedern dieser Kooperative gilt unser Dank.

(1,2 m×0,55 m). In dieser Füllung setzte sich ein länglicher, senkrecht gesetzter Stein fort, dessen oberes Ende bereits auf der Oberfläche zu erkennen war.

Die Füllung bestand aus brauner lockerer Erde mit lehmigen Einschlüssen, kleinen Steinen und wenigen Holzkohleteilchen (fig. F,a). Eine regelmäßige Schicht aus dunkelgrauem, feinem Lehm, ähnlich den Ablagerungen von Bewässerungskanälen, bedeckten das Skelett.[18] Es war ein intakter linksseitiger Hocker auf einer grauen Sandschicht, die offenkundig absichtlich hier eingebracht worden war. Es handelte sich offenbar um einen Erwachsenen von mittlerem Alter, wohl einen Mann. In der Höhe des Kopfes fanden sich einige Klumpen aus rotgelblichem Pigment in Form von kleinen, länglichen Broten (3—6 cm), die einen Teil der Gesichtsknochen und einen unteren Backenzahn eingefärbt hatten.[19] Bereits an der Oberfläche der lehmigen Schicht fanden sich verzierte dunkle Scherben sowie das Randstück eines rottonigen Kugeltopfes (fig. F,a). Erstere sind Teile einer figürlich verzierten Bügelhalsflasche. Die Scherben verteilten sich auf zwei Gruppen am Rücken und bei den Füßen des Toten (vgl. fig. F,a—c); das Gefäß war demnach vor seiner Niederlegung im Grab zerbrochen worden (nur 40 % der Scherben vorhanden). Aus den erhaltenen Teilen des feintonigen dunkelbraunen bis grauen Gefäßes (fig. F,c.d) läßt sich rekonstruieren, daß es zwei doppelköpfige Schlangen zeigte, deren Hauptkopf jeweils Felinenzüge aufweist. Auf dem Schlangenkörper sind Linien in den ledertrockenen Ton geritzt worden, die wohl Schuppen andeuten. Auf dem größeren Kopf erscheint ein weiteres Motiv: ein winkelartiges Felinenmaul und ein Auge. Die Gefäßwand ist sehr regelmäßig und dünn (4 mm). Zuerst wurde der Kopf modelliert, später mit dem Gefäßkörper verbunden und schließlich der Gabelhals angefügt. Vergleichbare Darstellungen sind bekannt aus dem Jequetepeque- und dem Chicama-Tal, sowie von Pacopampa (Larco 1941; Rosas-Shady 1974). Von einem großen dünnwandigen, grautonigen Gefäß wurde ein Fragment sekundär zugerichtet (fig. F,f). Nahe den Knien fand sich eine dicke graue Scherbe, anscheinend das Bodenstück eines Küchentopfes, das hier als kleiner Teller gedient zu haben scheint (fig. F,e).

Grab 2 befand sich am Rande eines etwa 120 m langen Hügels, etwa 200 m von der oben genannten Gräbergruppe entfernt, wo oberflächlich Gebrauchskera-

---

18 Die Tatsache, daß diese dünne Lehmschicht so horizontal lag und die Beobachtung feiner schwarzer Linien lassen uns vermuten, daß eine Hülle aus organischem Material, eine Art Sarg, bestand.

19 R. Larco (1941: 183) erwähnt, daß es sich bei Gräbern dieser Zeitstellung mit derartigen Farbresten stets um Männergräber handle. Auch im Falle eines formativzeitlichen Grabes, das wir in Eten (Chancay-Tal) fanden, und im Fall eines Grabes von Espinal (mittleres Zaña-Tal) handelt es sich um Männergräber mit rötlichen Farbresten im Schädelbereich.

mik des mittleren Horizontes und der Spätzeit herumliegt. Von elf Raubgräberlöchern enthielten vier anscheinend Gräber. Nach Aussage von Bewohnern der Umgegend wurde hier „Chavínkeramik" gefunden. Wir untersuchten weiter nördlich sechs Grabgruppen; sie waren weitgehend zerstört. Einige verzierte Keramikscherben bezeugen ein formativzeitliches Alter. Am Südrand des Hügels wurde ein intaktes Grab entdeckt; es lag in dem von Raubgräbern am stärksten zerstörten Bereich. Dicht unter der Oberfläche kamen einige Scherben des mittleren Horizontes und Fragmente von Holzkohle zum Vorschein. Darunter war in den anstehenden Boden eine kreisrunde Grabgrube eingetieft, gefüllt mit dem anstehenden Material, so daß sie nur aufgrund der unterschiedlichen Konsistenz erkannt werden konnte. Erst in 90 cm Tiefe enthielt sie braune Erde mit lehmigen Einschlüssen. Das Skelett war schlecht erhalten und fast zerstört; es war eine linksseitige Hockerbestattung, anscheinend von einem Erwachsenen (fig. G,a.b). An Beigaben fanden sich eine unverzierte Flasche von fleckig-grauer Farbe, gutem Brand, polierter Oberfläche (fig. G,d), die vor dem Gesicht des Toten mit der Mündung nach unten lag, und in der Nähe der Halswirbel zwei Perlen aus grauem Ton (fig. G,e).

Grab 3: Etwa 500 m von der oben genannten Stelle entfernt, auf einer niedrigen Geländeerhebung (H. 2 m) von 80×60 m Größe, wo oberflächlich sich Fragmente des mittleren Horizontes und späterer Zeit fanden, wurde im Aufschluß, den die Böschung des Hauptbewässerungskanals bildet, der Rest eines formativzeitlichen Grabes entdeckt. Es konnte noch festgestellt werden, daß in einer ovalen Gruppe und konkaver Grabsohle, gefüllt mit dunkelgrauer Erde, auf einer Steinlage das Skelett eines Kindes von 5—6 Jahren in linksseitiger Hokkerstellung lag, die Arme nach unten gerichtet. Eine rote Tonschale war über das Gesicht des Toten gelegt (fig. H,a.b). Es handelt sich um ein Gefäß von 18 cm Durchmesser, gerader Wandung, nach außen gerundeter Lippe mit einer Eintiefung in der Bodenmitte, anscheinend der Nachahmung der Stielansatzes einer Lagenaria.

Allgemein vergleichbare Gräber dieser Zeit liegen von Pacopampa und aus dem Chicama-Tal vor.[20]

---

20 R. Shady (1983) beschreibt verschiedene Gräber von Pacopampa und Umgegend, deren Beigaben unvollständig sind, in denen die Toten mit einer dünnen Lehmschicht bedeckt und Gefäße über das Gesicht gestülpt sind. R. Larco (1941) beschreibt ebenfalls ähnliche Gräber aus dem Chicama-Tal mit Beigaben ähnlich jenen aus unserem Grab 1.

Fig. A. Lage der ausgeraubten Gräber bei Tembladera (siehe Karte S. 197). Foto 1970.
Ubicación de los cementerios saqueados en el área de Tembladera (ver mapa pág. 197).
Foto 1970.

Fig. B. Lage der ausgeraubten Gräber bei Quindén (siehe Karte S. 197). Foto 1970.
Vista de un cementerio saqueado en Quindén (ver mapa pág. 197). Foto 1970

Fig. C. Steingesetztes, rechteckiges Grab bei Chungal (siehe Karte S. 197), ausgeraubt. Foto 1966.
Aparejo litico de una tumba rectangular, saqueada en las proximidades de Chungal (ver mapa paǵ. 197). Foto 1966.

Fig. D. Steingesetztes, kreisförmiges Grab Yonán (siehe Karte S. 197), ausgeraubt. Foto 1966.
Aparejo de una tumba circular, saqueada cerca al pueblo de Yonán (ver mapa pág. 197). Foto 1966.

Fig. F. Grab von Talambo, c Gabelhalsflasche mit Scherbennummern (siehe a und b) (M 1:3); d Teil der Gabelhalsflasche (M 2:3); e.f. bearbeitete Scherben (M 1:3).
Tumba de Talambo, c botella con asa-estribo con numeros de tiestos (ver a y b) (esc. 1:3); d parte de la botella con asa-estribo (esc. 2:3); e.f. tiestos modificados (esc. 1:3).

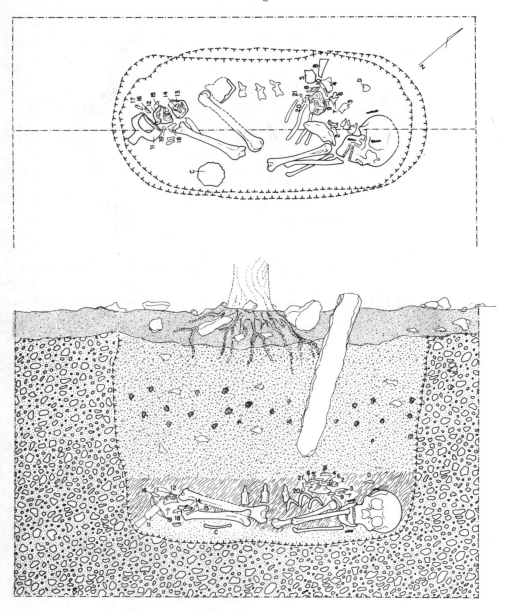

Fig. F. Grab von Talambo,
Aufsicht (a) und Profil (b).
Tumba de Talambo,
planta (a) y perfil (b).

Fig. E. Modelliertes Gefäßfragment, gefunden auf der Oberfläche des ausgeraubten Gräberfeldes Bereich A, Sektor 2 von Cerro Talambo.
Fragmento modelado, encontrado en la superficie del Area A, Sector 2 de Cerro Talambo.

Fig. G. Grab von Talambo, c.d. Flasche (M. 1:3); e Tonperlen (M. 2:3).
Tumba de Talambo, c.d. botella (esc. 1:3); e cuentas de cerámica (esc. 2:3).

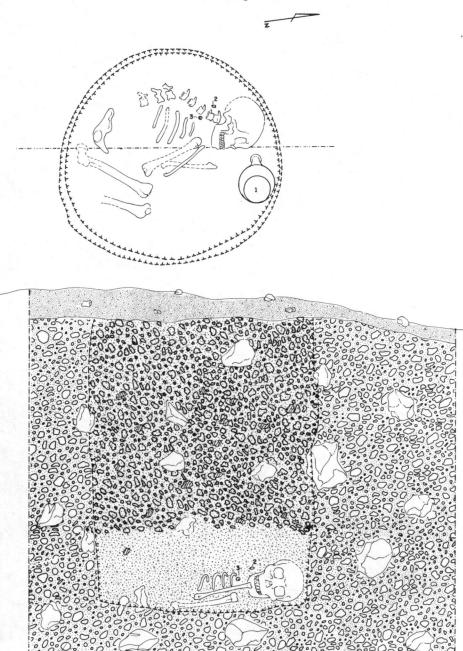

Fig. G. Grab von Talambo, Aufsicht (a) und Profil (b).
Tumba de Talambo, planta (a) y perfil (b).

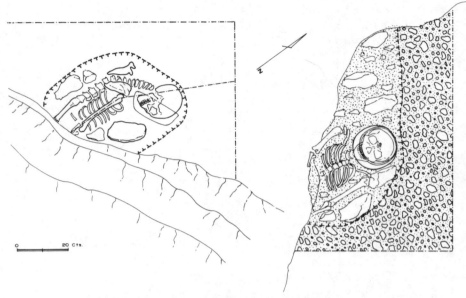

Fig. H. Grab von Talambo, Aufsicht (a) und Profil (b).
Tumba de Talambo, planta (a) y perfil (b).

Fig. H. Grab von Talambo. Lage der Schale vor dem Schädel (c); Schädel nach Wegnahme der Schadenbodenfragmente (d).
Tumba de Talambo, cuenco fragmentado sobre la osamenta (c); detalle con el retiro parcial de la ofrenda que cubrió la cara del cadáver (d).

Nota introductoria

A mediados de la década del 60, hacen su aparición inoficial en el panorama de la arqueología peruana una serie de vasijas decoradas y otros objetos de definida filiación "Chavín" o "chavinoide", estilo del cual hasta entonces sólo se conocían muy escasos ejemplares completos. La totalidad de estos espectaculares y nuevos hallazgos provenía de excavaciones no arqueológicas realizadas en el valle de Jequetepeque, especialmente en la zona comprendida entre la hacienda Limoncarro y el pueblo de Chilete. Su inusitada cantidad y calidad artística, cautivaron la atención de coleccionistas, aficionados y comerciantes de antigüedades, desatándose una indiscriminada explotación de los yacimientos necrológicos que contenían estos objetos. La población local, dedicada tradicionalmente al cultivo de arroz con sus requerimientos de ocupación temporal y presionada luego por la aguda sequía que azotó el valle por los años 67—68, se volcó masivamente a su extracción, sin que las autoridades pudieran impedirlo y menos plantear una alternativa de rescate científico documentado. El balance actual de este proceso esquilmatorio es palpable y elocuente: la totalidad de los cementerios y monumentos prehispánicos del valle se encuentran sumamente disturbados y la depredación sólo ha cesado por el consecuente agotamiento de los mismos, culminando asi la devastación de lo que constituirían hasta hoy los cementerios mas extensos del Formativo andino. Los cientos de objetos extraídos corrieron diversa suerte, la mayor parte se encuentra dispersa en inaccesibles colecciones privadas de todo el mundo y en algunos museos que ocasionalmente los dan a conocer en sus catálogos. La muestra mas seleccionada y numerosa se publicó en „Pre-columbian Art of South America" de Alan Lapiner (Harry Abrams, New York, 1976), cuyos exponentes bien presentados son un extraordinario testimonio de calidad artística. Evidentemente los museos nacionales poseen pocos ejemplares. Sin embargo, existen en el país todavía algunas colecciones particulares que conservan piezas significativas.

El presente trabajo intenta una primera presentación global de los materiales formativos procedentes del valle, reunidos a lo largo de casi 18 años, investigando colecciones, archivos fotográficos, referencias de aficionados y ocasionales excavadores lugareños. Especiales circunstancias personales permitieron al autor conocer de cerca el proceso depredatorio y sus características. Guardo desde mi época escolar algunos testimonios fotográficos, apuntes y notas de observaciones directas que pese a sus limitaciones constituyen los pocos datos disponibles.

Paralela- y posteriormente a mi formación profesional, he efectuado reconocimientos sistemáticos del valle, los cuales facilitaron una mejor organización y correlación de la variada información obtenida que evidentemente constituye una especie de rescate retrospectivo de datos. Su exposición y discusión es también asumida como una primera aproximación al problema.

El material básico de estudio consiste en un archivo documental de algunos cientos de objetos que originalmente pensabamos continuar incrementando en prudente espera de investigaciones científicas cuyos datos pudieran brindar una base para su ordenamiento temporal. Sin embargo, en la actualidad el valle medio se encuentra sometido a un cambio de grandes proporciones por el represamiento del río y los recientes proyectos de rescate arqueológicos no han logrado registrar contextos funerarios o estratigráficos esclarecedores en términos de secuencia. Por otro lado, resultará muy conveniente para los estudiosos de la arqueología andina tener a mano un material comparativo procedente de una región determinada que proporcionando una representativa muestra, contribuya a demostrar su importante rol en el proceso del Formativo. En tal sentido la presente documentación solo pretende constituir un „material de estudio" presentado para la discusión y análisis de los especialistas. Su potencial valor fue inmediatamente reconocido por el Prof. Hermann Müller-Karpe, Director de la Comisión de Arqueología General y Comparada del Instituto Arqueológico Alemán de Bonn, cuando con ocasión de su visita al Perú, tuvimos la oportunidad de mostrarle parte del archivo. El propuso que se dieran a conocer los materiales en la forma presente y fomentó la realización de la publicación en la serie "AVA-Materialien". Debo expresar mi permanente gratitud a su persona. De igual modo tengo que agradecer el cordial aliento y las sugerencias de los demás miembros de la KAVA, especialmente del Dr. Michael Tellenbach.

Guardo también gratitud por la hospitalidad y ayuda de Ernesto Alva en Tembladera y la útil información de Don Oscar Lostaunau de Guadalupe, profundo conocedor de la arqueología del valle. Reunir estos materiales no hubiera sido posible sin el generoso acceso al archivo fotográfico del Sr. Edgardo Kcomt en la ciudad de Chepén (†1983) y a las interesantes colecciones del Sr. Oscar Rodríguez Razzeto en Pacasmayo, César Rodríguez Razzeto en Guadalupe, del Sr. Giorgio Battistini en la ciudad de Chiclayo y del Sr. Enrico Poli Bianchi en Lima. A ellos nuestro reconocimiento por su contribución a la presente publicación.

Atendiendo razones de órden editorial, el presente volúmen contiene una parte de los materiales registrados; en un volumen en preparación se presentarán la cerámica restante, objetos de hueso, piedra y orfebrería, asumiéndose también la discusión de nuestras observaciones sobre las variantes estilístico-tipológicas y las complejas manifestaciones iconográficas del Formativo en la región.

El valle del río Jequetepeque ubicado al norte del Perú constituye una de las cuencas originadas en la vertiente occidental de los Andes centrales con drenaje al Pacífico. Como todas ellas, desde el litoral hasta la alta cordillera, posee una diversidad de climas, flora y fauna, creando definidas regiones ambientales que con variadas alturas proveen también de diversos recursos y paisajes para el habitat humano. Estos paisajes varían en extensión de acuerdo a las condiciones geomorfológicas de cada valle. El Jequetepeque esta formado por 17 afluentes principales y gran cantidad de quebradas laterales menores aportantes a lo largo de todo su recorrido, estos nacen en la actual sierra de Cajamarca.

El río Jequetepeque limita por el norte con las cuencas del Chamán y Zaña. Siendo el primero de corto cauce ocasional y el segundo más importante, profundo y fisiográficamente vinculado en su parte alta, la proximidad entre ellos permitió durante las épocas del Horizonte Medio a Intermedio Tardío, la común integración de las áreas bajas intermedias en un extenso sistema de irrigación. En la actualidad éste es también uno de los objetivos del proyecto de embalse del río Jequetepeque.

Al sur, separado en la costa por el extenso desierto de las pampas de Cupisnique y Paiján, sigue el valle de Chicama. En consideración a la procedencia de la mayoría de materiales en estudio, el ámbito de nuestro interés comprende la sección media y baja del valle, es decir desde el pueblo de Chilete (ubicado a 700 metros de altitud), donde el río toma el nombre de Jequetepeque, hasta su desembocadura cerca del pueblo del mismo nombre. En esta cuenca existen numerosos monumentos y vestigios arqueológicos de diversas épocas que reflejan un largo, permanente y complejo proceso histórico, caracterizado por una fluida interacción costa-sierra. Yacimientos del Período Lítico o Pre-cerámico no han sido aún detectados. Es muy probable que la densa y prolongada ocupación de los mismos lugares haya obliterado las huellas de ocupaciones más tempranas.

El período formativo está representado en todo el valle por numerosas edificaciones, cementerios y evidencias de asentamientos, someramente examinados y registrados durante nuestros reconocimientos.[1]

---

[1] Véanse también las publicaciones e informaciones de recorridos realizados por diferentes autores:
Kroeber 1944, Schaedel 1951, Ishida y otros 1960, Kosok 1965, Disselhoff 1957, Ubbelohde—Doering 1955—1959, etc.

En la sección media del valle desde Chilete hasta la ciudad de Tembladera (a 420 metros de altitud), el río recibe por su margen derecho las aguas de los ríos Puclush y Pallac, y por la margen izquierda los ríos de Huertas y Contumazá que proceden de amplias serranias laterales tradicionalmente vinculadas a las vecinas cuencas altas de Zaña y Chicama, respectivamente (mapa 1). No existen evidencias definidas de estructuras arquitectónicas complejas del Formativo, salvo aislados montículos intensamente disturbados que podrían corresponder a edificaciones menores con muros de piedra. Estas se encuentran ubicadas unas veces en el lecho fluvial del río o inmediatamente sobre el barranco de las terrazas laterales y rodeados de extensos cementerios saqueados que iniciándose de manera definida a partir de las proximidades del pueblo de Llallán, se proyectan ininterrumpidamente hacia la parte baja con las alternancias impuestas por la topografía. En las proximidades de muchos de ellos hemos detectado también aterrazamientos y vestigios de viviendas de la época, con algunas muestras de cerámica utilitaria. El aparente patrón de asentamiento, típicamente ribereño y el uso agrícola del suelo no parecen diferir mucho de la situacion actual, es decir cultivo intensivo en el lecho fluvial y empleo opcional de la humedad captada por las quebradas laterales, permitiendo pequeños sistemas de riego independientes y altamente productivos por las especiales condiciones climáticas de calor y humedad. Parece existir cierta correlación entre la extensión de los cementerios y posibles asentamientos con las facilidades agrícolas inmediatas, tal es el caso de los sitios cercanos a Quindén y Pampa Larga. Estas observaciones son también en términos generales aplicables a la sección media del valle que va desde Tembladera hasta Ventanillas, donde la cuenca se ensancha notablemente brindando mayores escenarios de habitat. Los cementerios y asentamientos formativos ocupan también las terrazas y pendientes inmediatas al río, tratándose siempre en el primer caso de unidades necrológicas relativamente pequeñas o medianas (100 a 400 m^2), pero bastante continuadas y densas. Sobre las amplias mesetas ubicadas entre los pueblos de Montegrande y Chungal existe una significativa concentración de grandes edificios plataformicos que evidentemente corresponden a diversas fases del Formativo. Uno de los más importantes y complejos ha sido excavado sistemáticamente revelando un extenso asentamiento asociado.[2] De otro lado esta sección del valle — por razones de salvataje — se

---

[2] Michael Tellenbach de la Comisión de Arqueología General y Comparada del Instituto Arqueológico Alemán ha excavado durante 21 meses la llamada Meseta 2 de Montegrande (Tellenbach 1981, 1982, 1984).

encuentra intensamente explorada y cartografiada.³ Hacia 1964, se inició aquí el saqueo masivo de los entierros formativos (Fig. A; B).

El sitio de Ventanillas a 250 metros de altitud, marca el cambio hacia la sección baja del valle y al paisaje típicamente costeño. En este lugar se encuentra una importante edificación de adobe que constituye uno de los enclaves de la cultura Mochica y también el punto inicial del complejo sistema de riego pre-hispánico para la margen meridional del valle. Los cementerios y evidencias de ocupación formativa se extienden ampliamente (con características diversas) por los sitios de Pampa Guanábano, Tolón, Cafetal, Cerro Pitura, Cerro San José y aún en las zonas periféricas de Cerro Prieto y Santonte. Se tienen datos de cementerios excavados en las proximidades de Pacasmayo y El Faro. Por la margen septentrional estas evidencias son también frecuentes y ribereñas entre Zapotal y la Punta. Los sectores de Pampa Calera y Talambo tienen igualmente muchos cementerios disturbados. En uno de ellos se logró registrar un entierro excepcionalmente intacto. La amplia extensión regular y cultivada entre Puente Mayo y Mariscal La Mar hasta Chepén presenta muchos montículos aislados de posible origen arquitectónico temprano, que se extienden también hacia Limoncarro y Faclo. Cerca de Limoncarro fue extraido un grupo de objetos de piedra con interesantes y complejos diseños.⁴ Por otro lado, en el sector de Tamarindo se encuentra el "Templete de Limoncarro", un importante conjunto de edificios con plataformas dispuestas en "U"⁵ y originalmente decorados con relieves hoy destruidos. Entre Faclo Chico y Puente Blanco los cementerios se ubican en las cortas quebradas que unen el lecho fluvial con la terraza inmediata o sobre ésta y en el sitio de Pañé, aparentemente existen edificios formativos cubiertos por entierros sucesivos de épocas más tardías. Hacia la parte litoral (cercana al gran complejo arquitectónico de Pacatnamú), hemos reconocido también algunos yacimientos necrológicos disturbados, cuyos hallazgos de superficie muestran una afiliación Chavín (Rocas). Cabe mencionar que del sitio de Balsar procede un importante lote de objetos de oro del Formativo Tardío o Intermedio Temprano.⁶

---

3 Rogger Ravines del INC condujo el Proyecto oficial de Rescate (Ravines 1981—1982).

4 El sitio fue posteriormente excavado (1968) por un equipo de la Universidad Nacional de Trujillo, dirigido por el Dr. Jorge Zevallos, encontrándose algunos entierros y material aún sin publicar (Don Oscar Lostaunau: referencia personal). Richard Burger ha estudiado algunos recipientes líticos que provendrían del lugar (Burger 1983).

5 Tellenbach y.o. 1984, 541 s. Fig. 31—37; 553 s.

6 Se trata de un conjunto unitario de objetos rituales existentes en la colección Poli (Banco de Crédito 1981: 127—167) asignados a "Chavín tardío", que sin embargo demuestran una definida vinculación estilística a Frias o Vicús.

Finalmente, debemos recordar las numerosas muestras de petrografías con diseños formativos encontrados a lo largo de todo el valle.[7]

Este breve recuento de la cuenca del Jequetepeque demuestra una intensa y generalizada ocupación durante el Formativo, sus diversos paisajes han sido escenario de un largo y complejo proceso con creaciones y cambios que comprometieron de manera general la temprana cultura andina. Las características fisiográficas y vestigios materiales de las ocupaciones prehispánicas sugieren una vinculación a las vecinas cuencas norteñas con las cuales parece también compartir una tradición histórica común. En tal sentido, sus materiales — circunstancialmente mejor conocidos — deben verse como una muestra representativa de dicha tradición regional.

Los cementerios del Formativo se distribuyen hacia ambas márgenes del valle en pequeñas o medianas concentraciones de entierros dispuestos sobre terrazas, quebradas, colinas o laderas cercanas, generalmente sin señales visibles, de modo que resulta difícil establecer su existencia en la superficie. Este factor contribuyó a su conservación hasta antes de 1965, cuando los primeros hallazgos desencadenaron una masiva y palmaria remoción del terreno por cientos de familias campesinas. Sólo excepcionalmente y en específicos contextos (valle medio) aparecen tumbas elaboradas, integradas a estructuras arquitectónicas[8] o monumentos funerarios propiamente dichos.[9]

Aparentemente debido a la capa poco profunda de tierra excavable, los entierros usuales no muestran superposiciones, pudiendo constituir esta también una de las razones de su notable extensión horizontal. Los límites o separación física de los cementerios están mayormente impuestos por las características del terreno, brindando la impresión de un uso limitado y correlativo. Aunque en algunos casos es posible observar delimitaciones del área sepulcral mediante muros como en Talambo, Tolón[10] y Limoncarro.[11]

Evidentemente resulta difícil establecer con certeza si existió concentración intencional de entierros, disposiciones de carácter jerárquico o variación cualitativa de ofrendas asociadas. Sin embargo, la información recogida plantea estas

---

7 V. Pimentel ha elaborado un minucioso registro (Pimentel, AVA-Mat. 31, 1986).

8 M. Tellenbach ha encontrado tumbas colocadas en el núcleo de edificaciones (Tellenbach 1984, 551; Fig. 6) y R. Ravines menciona torres sepulcrales y terraplenes funerarios (Ravines 1981).

9 Anteriormente hemos registrado estos datos (entre Tembladera-Quindén) en algunas estructuras menores que fueron impunemente arrasadas en 1966—1968 para extraer el contenido de 1 o 2 tumbas centrales (según referencia de J. Terán en una de ellas se encontró una tumba con 2 vasijas de piedra y un ceramio formativo coloreado).

10 Observación personal.

11 Oscar Lostaunau: referencia personal.

posibilidades por cuanto se cita la existencia de cementerios completos conteniendo sencillas vasijas botelliformes o solamente las osamentas coloreadas de rojo. Otras veces en un similar contexto generalizado aparecieron contadas tumbas con ofrendas elaboradas y otros abalorios.

Parece quedar claro que tanto por la proximidad de la unidades necrológicas como por la variedad de la cerámica vista en colecciones, nos encontramos frente a una razonable variación temporal. El uso sepulcral del terreno inmediato debe estar en relación a las posibilidades poblacionales dadas por definidos ámbitos agrícolas. Al respecto cabe citar que la totalidad de cementerios asignables al Formativo se encuentran bajo el nivel de los sistemas de riego pre-hispánicos visibles y algunos de ellos aparecen superpuestos o disturbándoles.[12]

Finalmente se puede generalizar como importante característica del Formativo en Jequetepeque y valles vecinos, la definida separación entre yacimientos necrológicos y lugares residenciales.

Intentando resumir nuestras observaciones sobre las tumbas, se establecerían tentativamente los tipos siguientes:

(a) Tumbas rectangulares con aparejos líticos laterales (Fig. C). — Se encuentran tanto en terreno natural como incorporadas a arquitectura, correspondiendo en unos casos al contexto de los monumentos funerarios citados o plataformas. Los ejemplos examinados demuestran una cuidadosa confección. En la disposición se pudieron determinar:

— tumbas con cobertura de lajas a nivel de la superficie original.
— con cobertura de lajas inmediatamente sobre el cadáver y bajo un considerable relleno.
— con cobertura de relleno heterogéneo.

(b) Tumbas circulares con aparejo lítico (Fig. D). — Aparecen también en similares contextos a las anteriores y con las mismas variantes en su cobertura.

(c) Tumbas en torres funerarias o sepulcrales. — Dispuestas bajo una estructura cilíndrica de piedra enlucida al exterior. Aparentemente existieron otros edificios cuadrangulares totalmente destruidos. Según la información de M. Tellenbach todas estas estructuras forman parte de conjuntos arquitectónicos. Torres de este tipo fueron investigadas en la Meseta 2 de Montegrande (AVA-Beiträge 6, 1984, 509 s. Fig. 8; 552).

(d) Tumbas en fosa simple circular. — Excavadas directamente en el terreno,

---

12 Entre Montegrande y Chungal los pobladores destruyeron tramos de un canal para extraer los entierros subyacentes y en Talambo hemos logrado documentar una tumba visible en el perfil de una acequia (Talambo, sector 5; vease abajo pág. 36).

conteniendo al fondo las osamentas. La variación de cobertura es similar al tipo a., pero mayormente con piedra irregular (p.e. Talambo área A, sector 3).

(e) Tumbas en fosa simple elíptica. — Presenta también el mismo tipo de coberturas. Sin embargo se pudo identificar que algunas llevaron originalmente una piedra alargada y erguida como señal de tumba y otras carecen de ella (p.e. Talambo A,2).

(f) Tumbas en fosa simple con cámara lateral. — La excavación en forma de bota fue hecha en terreno duro, separándose la cámara lateral con un paramento rústico o lajas oblicuas. Son las que aparentemente tienen mayor profundidad.

(g) Tumbas adosadas a rocas erráticas. — Constituyen también un tipo frecuente en los lugares con tales características. Se trató de una excavación de planta semi-circular o semi-ovalada adyacente a uno de los lados de rocas grandes o medianas. En algunos casos en forma de fosas simples y en otros recubiertas con paramentos rústicos.

(h) Otros. — De manera poco usual y aisladamente se tienen datos de hallazgos de tumbas colocadas en abrigos rocosos o cuevas naturales, tumbas confeccionadas en roca madre y posibles túmulos funerarios.

En cuanto a la posición del cadáver, se pudo averiguar en algunos casos con probabilidad y en otros con seguridad que en las formas de entierro b, c, d y f. ocurren disposiciones fetales o flexionadas descansando sobre un lado del cuerpo, en la forma de entierro a.- la posición extendida, ambas disposiciones en e, g y h. Las ofrendas se encuentran generalmente cerca de la cabeza, sobre el cuerpo o también subyaciéndole. En un caso los ceramios fueron arrojados en fragmentos sobre el cadáver[13] y en otros se colocaron tiestos modificados o reutilizados. Parece quedar en claro que solo excepcionalmente la cerámica ofrendatoria llega a dos o mas piezas por entierro. El relleno de las tumbas varía notablemente aunque predominan las inclusiones de carácter humuoso, como si se hubiera acarreado tierra agrícola para tal fin. Este hecho ha facilitado en gran medida su identificación y profanación.

Todos los tipos descritos parecen coexistir en el valle medio, en cambio d, e, f son característicos de la parte baja.[14]

Muchas variantes menores podrían deberse a las características del suelo y otras mayores a fenómenos culturales o sociales, pues estos diversos patrones de enterramiento son el reflejo de significativos cambios históricos, que por ahora (debido a su deplorable disturbamiento), resultan difíciles de establecer.

---

13 El dato procede de una tumba excavada arqueológicamente.
14 Tipos de tumbas semejantes fueron también identificadas por Rafael Larco en los cementerios que excavó en el valle de Chicama (Larco 1941).

Tumbas registradas arqueológicamente: observaciones: Durante el otoño de 1975, el autor tuvo la oportunidad de mapear y explorar detenidamente las áreas de cementerios saqueados en el sector de cerro Talambo,[15] donde se logró documentar algunas tumbas no disturbadas que constituyen una muestra de las costumbres funerarias del Formativo en dicha sección del valle y uno de los pocos registros arqueológicos de esta naturaleza en la costa Norte del Perú.

El llamado cerro de Talambo, constituye la prolongación costeña final del ramal cordillerano andino de Cajamarca que conforma la cuenca del valle bajo de Jequetepeque por el Norte y Este. En sus amplios flancos se desarrollan las pampas de Calera y Talambo e inmediatamente abajo vienen los suelos sedimentario-aluviales destinados a la agricultura. La actual acequia de Talambo — uno de los principales canales de riego — vivifica y delimita estos últimos. Las pampas y laderas vecinas contienen importantes vestigios arqueológicos de las culturas pre-hispánicas desarrolladas en la región, incluyendo estructuras arquitectónicas de piedra y adobe aun no estudiadas. Los asentamientos y cementerios del Formativo se ubicaron en las colinas bajas próximas a los actuales campos de cultivo y ligeramente sobre la franja superior del canal, encontrándose ya entonces intensamente saqueados. Sin embargo, debido a la relativa proximidad del suceso, fue posible observar indicios perceptibles sobre formas de enterramiento, extensión de cementerios y opcionalmente registrar interesantes contextos registrados en sectores diversos.

Entierro 1 (figs. E; F,a—f): Este entierro pertenece a una unidad necrológica de aproximadamente 40×60 metros, ubicada en el paraje de "Pampa Calera", sobre el canal Talambo (ver plano) y saqueada en los años 1970—73. La superficie actual es plana, con rocas medianas. Nueve de las excavaciones irregulares parecen haber contenido entierros. En el terreno removido se encontró un notable fragmento modelado y otros no decorados (fig. E). Un espeso arbusto de zapote protegió la única tumba intacta, ubicada al centro de una concentración de 6 posibles entierros saqueados.[16] Debajo de la primera capa superficial (15 a 20 cm) de tierra marrón oscura semi-compacta y disturbada por las raices de la planta, se presentó el suelo de grava arcillosa amarillenta (común a los estratos naturales del valle) con la definida delimitación de la planta superior de una fosa ovalada (1.20×0.55 m), continuando también aqui la piedra alargada (70 cm) dispuesta

---

15 Nuestro trabajo se desarrolló en el marco de un amplio proyecto, contando en todo momento con la participación y apoyo material de los socios y directivos de la Cooperativa Agraria de Talambo, a quienes agradecemos su valiosa ayuda.

16 Nuestra excavacion en esta unidad comprendió 4 cuadros de 2×2 m, trazados sobre ejes perpendiculares.

verticalmente que sobresalió hacia la superficie como señal distintiva de la sepultura (fig. F,a).

El relleno de la tumba estaba compuesto por tierra marrón suelta — al parecer transportada desde los campos de cultivo con algunas inclusiones aisladas de grumos arcillosos, rocas pequeñas y escasas partículas de carbón. A partir de 65 cm. de profundidad retiramos una capa homogénea de arcilla gris oscura muy fina, similar a la procedente de sedimentos de las acequias, que cubrió cuidadosamente el cadáver intacto[17], depositado en posición fetal, hacia su costado izquierdo y sobre un lecho de arena gris de río. Cabe mencionar que en las paredes de la fosa original se observaron algunas huellas lineales producidas por la herramienta utilizada para la excavación. El estado de conservación de los huesos fue sumamente friable, tratándose de un individuo adulto, de mediana edad y aparentemente de sexo masculino. A la altura de la cabeza se encontraron trozos irrecuperables de pigmento rojo-anaranjado en forma de pequeños panes alargados de 3 a 6 cm que habían impregnado parte de los parietales y el maxilar inferior.[18] Desde el inicio de la capa arcillosa aparecieron fragmentos decorados de color oscuro y uno pequeño perteneciente a una olla sin cuello de color rojo (fig. F,a). Los primeros corresponden a una singular vasija modelada, sin duda la ofrenda funeraria más importante del ajuar. Estos se distribuían en dos agrupaciones separadas: sobre la espalda y a los pies del cadáver. El esquema de ubicación de cada uno de ellos y su posterior integración (figs. F,a—c) demuestran que la vasija fue previamente fracturada y dispuesta así durante el evento del entierro. De otro lado, todos los fragmentos recuperados alcanzaron solo el 40 % de la pieza, no habiéndose detectado más en la superficie y áreas adyacentes. La vasija modelada (figs. F,c.d), de pasta granular fina y color marrón oscuro a gris, representa poco menos de la mitad de un animal mitológico figurado como una serpiente bicéfala, con la cabeza masiva principal hacia adelante, un tanto felinizada y otra de menor tamaño y aspecto menos feroz hacia un lado. En el primer caso la boca muestra dos pares de colmillos. De la nariz parten bandas que forman las cejas y rematan en una pequeña punta volteada hacia arriba a manera de oreja. Este trato estilístico resulta usual para similares representaciones plásticas en nuestra agrupación de variantes tipológicas IIg, apareciendo también en la cerámica Cupisnique del valle de Chicama y en Pacopampa (Larco 1941, Rosas-

---

[17] La disposición horizontal de esta fina capa arcillosa y delgadas lineas oscuras, sugieren la existencia de algún envoltorio de material orgánico, acaso una especie de fardo.

[18] R. Larco (1941: 183) refiere que los entierros coloreados de esta época en el valle de Chicama pertenecen a varones. De otro lado, un entierro del Formativo encontrado por nosotros en Eten y otra en el valle medio de Zaña (Espinal), tienen también este mismo tipo de caracter asociativo.

Shady 1974). Si se reconstruye el sector restante, tendríamos dos serpientes entrelazadas. El cuerpo del animal esta decorado con incisiones lineales en pasta semi-seca, simulando las estrías de la piel de los ofidios, sin embargo, sobre la cabeza principal existe parte de otro diseño: una boca felínica angular y un ojo que formaron otra representación esquemática. El asa-estribo es un tanto angular y el gollete ligeramente evertido hacia los bordes. Las paredes de la vasija son bastante regulares y delgadas (4 mm). Para su confección, primero fue modelada la cabeza masiva, unida luego al cuerpo central y finalmente se acopló el asa-estribo, confeccionada también aparte. Un fragmento modificado y reutilizado como herramienta o artefacto (fig. F,f) provenie de una vasija grande y delgada de color gris, excelente cocción y superficie pulida. Finalmente, cerca de las rodillas se encontró un tiesto grueso de color gris, con la depresión hacia arriba y huellas de contenido orgánico, aparentando el fondo de una olla de cocina, modificado y usado como plato pequeño para contener alguna ofrenda (fig. F,e).

Las pocas tumbas aledañas saqueadas, en dos casos presentaron piedras alargadas semejantes, retiradas por los profanadores.

Entierro 2 (figs. G,a—e): Este entierro fue encontrado en otra sección de "Pampa Calera", sobre una pequeña colina de aproximadamente 120 metros de largo que viene como una prolongación (Sur oeste) de los terrenos superiores sobre los campos de cultivo, con una elevación máxima de 4 metros sobre éstos y ubicada baja el canal Talambo, aproximadamente a 200 metros del sector anterior (entierro 1). En la superficie son frecuentes fragmentos utilitarios del Horizonte Medio o época Chimú, ocupación que aparentemente acondicionó su sección central. Hacia el extremo Sur, donde comienza el declive, 4 de las 11 perforaciones de excavadores clandestinos aparentemente habrían contenido entierros y los residentes cercanos refirieron también el hallazgo de cerámica "Chavín". Al Norte los pozos estan mas dispersos.[19] El entierro 2, pese a encontrarse en el área mas afectada por la "huaquería" (extremo Sur), circunstancialmente estaba intacto. La capa superficial de tierra marrón suelta (10—15 cm.) contenía algunos tiestos del Horizonte Medio y trozos de carbón vegetal. A partir de aquí el suelo natural es de color amarillento arcilloso. El borde circular de la tumba quedó

---

19 Las excavaciones en la parte central del montículo (25 m²) registraron 6 fosas funerarias formativas, disturbadas por la ocupación del Horizonte Medio, tanto por construcción, un entierro intrusivo y aparentemente saqueos intencionales. El saqueo o disturbamiento intencional de tumbas en la época pre-hispánica, aparece aquí excelentemente documentado. Sin embargo no es único, durante el verano de 1979, hemos excavado parcialmente un yacimiento necrológico del Formativo en el cerro de Eten (Lambayeque), donde también se registró este fenómeno, sobre el cual presentaremos la documentación correspondiente en un artículo próximo.

definido por la textura mas suelta del terreno, mezcla de tierra marrón y algunas inclusiones arcillosas. Sin embargo, el relleno está constituido en su mayor porcentaje por el mismo material retirado durante la excavación de la fosa, cambiando a partir de 90 cm de profundidad a una tierra marrón homogénea, suelta y similar a la existente en los campos de cultivo vecinos. Inmediatamente debajo se encontraron las osamentas y ofrendas visibles en el dibujo (figs. G,a.b). Los huesos estuvieron mal conservados y casi destruidos, identificándose un entierro primario depositado en posición fetal (bastante flexionada) sobre su costado izquierdo, perteneciente a un individuo adulto. La ofrenda principal (fig. G,c.d) constituyó una botella de color gris manchado, buena cocción, cuerpo globular elevado, base plana, superficie pulida, gollete recto (ligeramente cónico), borde evertido y labio redondeado. Carece de decoración y guarda semejanza con algunos ejemplares de nuestra variante tipológica IE. Esta vasija fue depositada delante de la cara del cadáver, aparentemente intacta y con el gollete volteado hacia abajo; sus paredes son regulares y finas, se confeccionó por modelado directo con elevación de sus paredes desde la base mediante el posible uso de un disco de alfarero y el embonamiento final de gollete. Debemos también mencionar que a la altura de las vértebras cervicales se encontraron 2 cuentas de collar o torteros para hilado de cerámica gris oscura, forma cilíndrica y decorados con incisiones profundas en forma de círculos, y líneas horizontales y verticales (fig. G,e).

Entierro 3 (figs. H,a—d): El entierro 3 se encontró en el borde de una terraza natural de "Pampa Calera", una elevación plana y baja (2 mts.) colindante con los actuales campos de cultivo y ubicada a 500 metros de la "Punta de Talambo", midiendo aproximadamente 60×80 metros en sus partes más anchas, con una notable regularidad. Hacia el declive Sur inmediato pasa la actual "acequia de Guadalupe" y hacia la parte superior la "acequia de Talambo". Sobre la superficie y en nuestras excavaciones prospectivas se registraron solamente fragmentos del Horizonte Medio y otros estilos mas tardíos.

Sin embargo, durante la exploración de los contornos bajos, fueron detectados restos de osamentas expuestas en el talud delantero (sobre la acequia) correspondientes a un entierro primario. Debido a su difícil ubicación, se trabajó un corte angular, retirándose el material desde la parte inferior. Tal como puede verse en los esquemas (figs. H,a.b), nuestra excavación registró parte de una tumba afectada por el sucesivo derrumbe del barranco originado en la confección del canal de riego contiguo y el avance de los campos de cultivo. Después de la limpieza general del talud y terreno superior, cubiertos ligeramente por el barro erosionado, quedó identificada la sección superior de la tumba, sin superposiciones ni señales visibles, tratándose de una fosa de planta ligeramente elíptica, que cierra hacia el fondo formando un lecho cóncavo donde se depositó el cadáver, acomodado sobre algunas piedras irregulares que aparecen también en el relleno, constituido éste por tierra marrón oscura con inclusiones de piedra menuda y grava. El terreno donde fué excavada la fosa es un sedimento de grava arcillosa color marrón clara. Los huesos pertenecían a la cabeza, sección toráxica superior y parte de las extremidades superiores de un niño de 5 a 6 años, dispuesto en posición fetal poco flexionada, descansando sobre su costado izquierdo y con los brazos hacia abajo y ligeramente leventado. La única ofrenda fue un cuenco de color rojo, colocado directamente sobre el rostro del muerto. Se trata de un recipiente de 18 cm de diámetro, bordes rectos, labio redondeado al exterior y base semi-plana con una depresión central que imita el hundimiento peduncular de los frutos de lagenaria. No existieron en este sector otras evidencias de ocupación o entierros formativos, salvo cementerios intensamente saqueados hacia la parte alta, sobre el canal Talambo.

Los entierros descritos parecen encontrarse en unidades necrológicas pequeñas, más o menos limitadas y ubicadas inmediatamente sobre los terrenos aluviales que hoy y entonces se ofrecieron para la agricultura, solo la tumba aparentemente mas compleja se ubica ligeramente arriba; por otro lado, ninguna de las unidades está asociada a edificaciones o restos arquitectónicos cercanos. Algunas de sus disposiciones formales guardan semejanza con tumbas de la época, excavadas en Pacopampa y en el valle de Chicama.[20]

Las ofrendas de estos entierros exponen ciertas variantes estilísticas que con probabilidad representarían momentos del Formativo local u otro tipo de distinciones culturales o sociales. Sin embargo, todo su extraordinario valor interpretativo quedó frustrado frente a la destrucción irreparable de las necrópolis. Este pequeño registro circunstancial y el limitado estudio del valle, en contraste con el grado de disturbamiento e ingente cantidad de materiales extraídos clandestinamente, dramatizan la crisis de la arqueología nacional y la grave fisura existente entre el conocimiento científico y las evidencias mismas, es aquí donde se separa la cabal interpretación del fenómeno histórico andino.

Nuestra variada recopilación de datos, materiales gráficos y observaciones aspiran contribuir modestamente a una mejor visión documental del problema.

---

20 R. Shady (1983) describe varios entierros registrados en el centro ceremonial de Pacopampa y áreas aledañas, donde existen tumbas con ofrendas incompletas, cadáveres cubiertos con arcilla fina y vasijas dispuestas sobre el rostro. Larco (1941) describe también tumbas parecidas en el valle de Chicama, con ofrendas estilísticamente emparentadas al entierro 1.

Las pocas publicaciones que presentan ceramios formativos asignados a los valles de Jequetepeque y Zaña demuestran claramente una extraordinaria variedad estilística donde aparentan coexistir elementos de tradición local o regional con otros de amplia distribución supra-regional. Resultará asi común observar vasijas similares al llamado estilo Cupisnique del valle Chicama,[21] cerámica típicamente Chavín de las fases Ofrendas y Rocas[22] y formas decoradas de caracterización local. Sin embargo, en las mismas publicaciones este complejo material es tratado con las mas diversas denominaciones, muchas de ellas contradictorias como "Chavín tardío", "Chavín último", "Tembladera" o "Jequetepeque". En ningún caso se desarrollan interrelaciones estilísticas, distribución o secuencia de las variantes implicadas. Evidentemente el esclarecimiento de este problema arqueológico estará aun lejos de resolverse, por cuanto involucra también en gran medida el núcleo interpretativo del Formativo andino, sobre el cual en la actualidad se tienen valiosos — pero aun insuficientes — datos de sitios representativos, incluyendo útiles discusiones estilísticas que van aclarando el inicialmente confuso panorama.

El material documental reunido por nosotros corresponde acerca de mil vasijas y otros objetos procedentes en su gran mayoría del valle de Jequetepeque, representando una definida unidad temporal y geográfica, tratada en términos regionales; por ahora nuestro interés es presentar este material — en gran parte inédito —, agrupado bajo variantes estilísticas que reúnen similitudes de trato formal. Una interpretación mas amplia y segura podrá asumirse en el futuro, cuando tengamos resultados de excavaciones científicas en el área.

Como hemos indicado, el material registrado procede de archivos fotográficos y colecciones varias. En todos los casos se intentó obtener los mayores datos de procedencia y asociaciones probables, basándonos en la confrontada opinión de nuestros variados informantes. Cuando no existían márgenes de seguridad específica, quedaron clasificados bajo el contexto del valle. La documentación original incluyó un sistema de fichas con los datos de cada objeto (medidas, pasta, superficie, decoración, etc.). Adicionalmente al registro fotográfico se tomaron calcos directos de diseños o detalles significativos.

Una de las más valiosas fuentes de información, constituye el archivo del Sr. Edgardo Kcomt (recientemente fallecido en la ciudad de Chepén), a quien hemos tratado hace algunos años. El Sr. Kcomt, de profesión mecánico-electrónico y dedicado a la restauración de piezas arqueológicas, tuvo la previsoria oportu-

---

21 Larco 1941.
22 Lumbreras 1973.

nidad de fotografiar decenas de objetos que fueron abiertamente comercializados durante el furor de la huaquería en el valle, pues gran parte de ocasionales intermediarios, coleccionistas o excavadores acudieron a él en busca de sus servicios, consejos y transacciones. Conociendo nuestro interés por esta documentación, no tuvo problema en cedernos generosamente la totalidad de su archivo, brindándonos también mucho tiempo para absolver y detallar las preguntas del cuestionario técnico y establecer contactos con otros informantes de la región. Como presencial testigo lugareño, estuvo permanentemente enterado de la procedencia y rumbo de los objetos, algunos de los cuales (fotografiados por él), aparecieron mas tarde en colecciones extranjeras o nacionales.

La colección del Sr. César Rodríguez Razzeto, vecino notable de Guadalupe y aficionado a la arqueología, reune una interesante y variada muestra de gran representatividad, destacando algunos singulares ejemplares de arte lítico. La información porporcionada por su persona nos ha sido de mucha utilidad. La colección del Sr. Oscar Rodríguez Razzeto, conocido agricultor y directivo institucional de la provincia de Pacasmayo, fué reunida también durante los últimos años existiendo en ella vasijas de calidad artística y otras sencillas de valor documental que han contribuido a equilibrar la involuntaria selección del primer archivo.

La colección del Sr. Giorgio Battistini, industrial de la ciudad de Chiclayo, comprende interesantes ejemplares formativos procedentes en su mayor parte de los vecinos valles de Zaña y Chancay y sirven como un importante material comparativo que demuestra la común tradición histórica. Finalmente se incluyen también algunos ejemplares de la colección Enrico Poli de Lima (sin duda una de las mas importantes del país) que fueron parcialmente publicadas por el Banco de Crédito del Perú (1981). Con la finalidad de complementar una visión global del material conocido hasta la fecha puede consultarse: "Pre-columbian Art of South America" de Alan Lapiner (1976).

En los casos donde no hemos tenido acceso directo a los especímenes, se trabajó con una muestra representativa expuesta a nuestros informantes para que pudieran reconocer algunas características de valor taxonómico. Adicionalmente se examinaron técnicas de manufactura y sistemas de cocción, recurriéndose a la reconstrucción de procesos tecnológicos y ensayos con material arqueológico.

Durante nuestro proceso de estudio se intentó también un análisis por separado de formas, diseños y técnicas, que pudieran reflejar variantes homologables de valor clasificatorio. Sin embargo debemos convenir finalmente en que cada vasija u objeto representa un contexto documental específico donde confluyen estos elementos como definido producto cultural.

Los materiales evidentemente proceden de ofrendas funerarias que reflejan en gran medida los cambios de la ideología religiosa de la época. Las elaboradas o sencillas representaciones artísticas arrancadas de su contexto específico original son primordialmente examinadas como documentos estilísticos. Nuestros comentarios tentativos sobre una posible secuenciación (en un volumen en preparación) estarán basados en estas observaciones formales y sus respectivas interrelaciones, debiendo ser tomadas estríctamente como tales.

Clasificar un variado y numeroso conjunto de vasijas, en su mayor parte completas pero no accesibles y descontextuadas, plantea limitaciones y alternativas. Bajo estas consideraciones la cerámica es integrada en agrupaciones o variantes mínimas que muestran cierta unidad de rasgos diagnóstico-estilísticos. Fundamentalmente se ha utilizado una combinación de observaciones morfológicas y decorativas, sin que exista un criterio homogéneo en el proceso de segregación. Aun cuando estas agrupaciones pudieran tener connotación tipológica, el concepto estricto de tipo como unidad temporal definida, manifiesta algunos veces inconsistencias difícilmente superables. Ciertos objetos poseen marcada individualidad y otros combinaciones de rasgos no segregables. Es muy probable que nuestras variantes puedan posteriormente subdividirse o integrarse en tipos diferenciados. En tal sentido, cumplimos con reiterar el carácter preliminar de este primer esfuerzo de compilación clasificatoria, que sin duda estimulará la discusión y el estudio de las tempranas sociedades andinas. El material es presentado por series morfológicas generales con una breve reseña de su caracterización específica, quedando para el volumen siguiente la discusión final de sus relaciones e implicaciones estilísticas.

Grupos tipológicos

Botellas de gollete tubular

Figs. 1 a 12, 14; págs. 101—104, 114.
Botellas simples de cuerpo ovoide, base plana y labio redondeado. El gollete tubular, proporcionalmente no excede el 40% de la vasija, con un perfil simétrico hacia la base y borde. Generalmente llevan engobe rojo. Algunos ejemplares tienen depresiones complementarias en el cuerpo y excepcionalmente aplicaciones sencillas. Decoración principal por incisión y áreas rellenadas con líneas achuradas pulidas sobre pasta dura. Los motivos son: cabezas esquematizadas con tres apéndices bucales, bastones y deseños geométricos sencillos. Pasta granular gruesa.

Figs. 13, 15 a 26; págs. 104, 105, 114.
Botellas simples de cuerpo globular más o menos esférico o achatado y gollete tubular cónico-alargado que proporcionalmente excede la altura del cuerpo. El borde es expandido y el labio redondeado. Decoración por punteado grueso o fino, líneas incisas medianas y finas dispuestas en hachurado, reticulado o diseños sencillos, áreas bruñidas y escasamente aplicados. Los colores de superficie varían entre gris oscuro y marrón claro rojizo, generalmente manchados. Los motivos son diseños angulares agudos simples o compuestos, anchas bandas verticales o cruzadas y excepcionalmente volutas dobles. La pasta es variada desde granular fina a granular gruesa.

Figs. 27 a 37; págs. 106, 107.
Botellas simples con decoración aplicada. Existen dos sub-variantes: una con gollete de perfil escasamente cónico, borde evertido y labio redondeado (27—32) y otra con gollete cónico y labio ligeramente reforzado (33—37). En el primer caso los cuerpos varían desde ovoide a achatado compuesto, con base plana y decoración mediante tiras impresas o amuescadas, dispuestas verticalmente. En el segundo caso los cuerpos son achatados o ligeramente elevados, la base semiplana y la decoración en grumos aplicados o finas tiras impresas formando diseños angulares y volutas, adicionalmente se recurrió a incisión y bruñido. Predominan las superficies de color marrón.

Figs. 38 a 44; págs. 107, 108.

Botellas simples de cuerpo globular elevado o acampanado, base plana, gollete escasamente cónico, borde evertido y labio redondeado. Proporcionalmente el gollete es siempre menor al cuerpo. Decoración mediante áreas punteadas, incisiones y escasamente aplicaciones impresas. Los motivos son bandas anchas, líneas curvas cruzadas, diseños angulares dobles y excepcionalmente figuraciones (42). El marrón predomina como color de superficie.

Figs. 45 a 50; pág. 108.

Botellas simples de cuerpo globular elevado con un perfil mas reducido hacia la base plana, gollete escasamente cónico, borde evertido y labio redondeado. Proporcionalmente el cuerpo fes siempre mayor al gollete. La decoración es variada, correspondiendo a diseños angulares sencillos, bandas simples o bastonadas, mediante incisión superficial o ligeramente profunda y campos punteados, achurados o bruñidos. Los colores de superficie van de marrón a gris.

Figs. 51 a 59, 61, 62; págs. 109, 110.

Botellas de formas compuestas, base plana, gollete semi-cónico, borde evertido y labio redondeado. Proporcionalmente el cuerpo es mayor al gollete. Existen dos subvariantes: (a) de cuerpo compuesto globular (51—57) donde predomina la decoración mediante aplicaciones simples, impresas o modeladas. El cuerpo inferior es globular esférico o achatado. (b) de cuerpo compuesto angular o subangular (58—62), donde predominan representaciones modeladas como componente superior y decoración complementaria por aplicaciones, impresiones e incisión. Los colores de superficie son generalmente tonos de marrón manchado.

Figs. 60, 63 a 67, 88 a 94; págs. 110, 111, 114—117.

Botellas de forma compuesta y/o modelada semi-escultórica, base plana, gollete tubular alargado y recto y labio redondeado. Cuerpo y gollete guardan proporción semejante. Frecuentemente se recurrió a aplicaciones planas complementarias al motivo central e incisiones que forman diseños coloreados con pintura post-cocción roja, amarilla y blanca. En las vasijas compuestas el componente inferior es un plato de paredes ligeramente evertidas. Los motivos centrales son cabezas felínicas con tocado y apéndices bucales, colmillos y/o dientes continuos y los complementarios, cabezas esquematizadas de perfil, círculos concéntricos, escalones y diseños oculares. Pasta marrón o gris.

Figs. 68 a 76; págs. 102, 112.
Botellas simples de cuerpo globular ligeramente achatado, base plana, borde fuertemente evertido y labio redondeado. Gollete y cuerpo guardan proporcionalidad. Predomina la decoración por áreas bruñidas en bandas verticales, escasamente ocurren aplicaciones, modelados, punteados o incisión.

Figs. 77, 79, 80, 81; pág. 113.
Botellas modeladas, semi-escultóricas de base plana, gollete tubular proporcionalmente corto y escasamente evertido. Formas achatadas. Decoración complementaria mediante incisión.

Figs. 78, 82, 83, 95 a 99; págs. 113, 118.
Botellas simples de formas angulares variadas. Decoración por incisiones o aplicaciones. Los golletes son generalmente alargados y poco evertidos. Motivos geométricos sencillos (romboides, volutas, curvas, ángulos) y figurativos (serpientes y apéndices). Los reticulados corresponderían a una sub-variante.

Figs. 100 a 107; págs. 102, 119, 120.
Botellas modeladas de trato escultórico. Una primera sub-variante tentativa (100, 101, 103, 105, 107) presenta cierta similitud de trato formal en las representaciones (motivos y detalles). Otra sub-variante (102, 104, 106) lleva decoración adicional por aplicaciones, modificación de superficie y trato de apariencia más figurativa.

Figs. 108 a 111; págs. 121, 122.
Botellas modeladas de trato escultórico y formas compuestas. Gollete tubular corto ligeramente evertido y labio redondeado. Llevan aplicaciones complementarias e incisiones que separan áreas pintadas en negro y/o blanco pre-cocción sobre engobe rojo general.

Figs. 109, 110, 112, 113, 114, 115, 121; págs. 102, 121—123.
Botellas simples de cuerpo alargado, compuesto o globular, base plana y gollete tubular con reborde y labio aplanado. Decoración mediante aplicaciones modeladas o sencillas, incisión acanalada ancha y punteado. Los motivos son figuraciones mitológicas esquematizadas, apéndices volutiformes y frutos.

Figs. 116 a 120, 122 a 127, 132, 133, 135, 136; págs. 123, 124.

Botellas miniatura. Presentan diversa decoración (punteado, aplicaciones e incisión). El juego de proporciones es también diferente y en muchos casos podrían adscribirse individualmente a algunas de las variantes anteriores, implicando un patrón de subdimensionamiento existente también en otras manifestaciones posteriores de la tradición andina.

Figs. 128 a 131, 134; pág. 124.

Botellas modeladas simples de cuerpo globular achatado o modelado compuesto, base plana, gollete ligeramente cónico y reborde con labio redondeado. Decoración mediante aplicaciones e incisiones finas complementarias.

Botellas de gollete-estribo

Figs. 137, 139; págs. 121, 125.

Botellas modeladas de gollete-estribo arqueado, base semi-plana o convexa y redondeada en el ángulo de unión, borde recto o escasamente expandido y labio redondeado. Cuerpo semi-escultórico con empleo de áreas depresionadas y aplicaciones modeladas. Decoración complementaria por incisión cortante sobre pasta húmeda. Superficie pulido-estriada o alisado-áspera, con aplicación de pintura post-cocción roja, blanca y amarilla. Los motivos son rombos o círculos concéntricos triples, líneas quebradas y deseños angulares o esquemáticos. El gollete-estribo es proporcionalmente menor al cuerpo y va dispuesto transversalmente. Pasta granular gruesa de color marrón oscuro.

Figs. 138, 140, 142; págs. 125, 126.

Botellas modeladas de gollete-estribo angular, proporcionalmente menor al cuerpo y dispuesto transversalmente; base semi-plana, borde evertido y labio redondeado. Cuerpo escultórico o semi-escultórico con empleo de aplicaciones modeladas. Decoración complementaria por incisión cortante en la pasta húmeda. Superficie pulido-estriada o alisado-áspera con aplicación de pintura post-cocción, los motivos son composiciones mitológico-esquemáticas de cierta complejidad y las representaciones principales demuestran mayor elaboración. Pasta granular, marrón a gris.

Figs. 141, 143, 145; págs. 126—128.
Botellas modeladas de gollete-estribo arqueado, base semi-plana, borde recto y labio redondeado. Cuerpo semi-escultórico compuesto. Decoración complementaria por incisión superficial fina en campos reticulados de relleno a motivos esquematizados, cruciformes o angulares. Superficie generalmente engobada y pulida, color gris oscuro a negro, con aplicación opcional de pintura post-cocción.

Figs. 144, 146 a 149, 153, 155, 156; págs. 128—130.
Botellas globulares de gollete-estribo arqueado, proporcionalmente menor al cuerpo, base plana, borde recto y labio redondeado. Cuerpo achatado. Decoración mediante incisión superficial, áreas bruñidas y escasamente aplicaciones con motivos angulares y/o curvas volutiformes, cabezas y apéndices bucales esquematizados. Pastas granulares a granulares finas.

Figs. 150 a 152, 154, 157 a 168; págs. 129—131.
Botellas globulares de gollete-estribo angular, proporcionalmente menor al cuerpo, base plana, borde recto o ligeramente evertido y cuerpo achatado. Decoración mediante incisión superficial y áreas bruñidas con motivos volutiformes o angulares y cabezas esquematizadas. Algunos ejemplares recuerdan motivos fitomorfos. Las pastas varían de marrón a gris.

Figs. 169, 170, 174, 177, 178; págs. 127, 132, 134, 135.
Botellas modeladas de gollete-estribo arqueado, base semi-plana, borde ligeramente evertido y labio redondeado. El cuerpo es tratado como escultura o semiescultura y escasamente globular modificado. Decoración complementaria mediante aplicaciones e incisión en círculos concéntricos. Las representaciones frecuentes son cabezas felinizadas, serpientes o felinos de cuerpo entero, donde los detalles (ojos, bocas, etc.) presentan poco relieve y acabado.

Figs. 175, 176, 179 a 185; págs. 127, 134—138.
Botellas modeladas de gollete-estribo angular, base semi-plana, borde ligeramente evertido y labio redondeado. Cuerpo tratado como escultura. Decoración complementaria mediante aplicaciones e incisión en círculos concéntricos. Las representaciones frecuentes son serpientes, felinos de cuerpo entero y felinos entre cáctus. Los detalles aparecen más relievados y con mayor acabado.

Figs. 186 a 213; págs. 138—145.

Botellas modeladas de gollete-estribo angular, base plana, borde ligeramente evertido y labio redondeado. Representaciones escultóricas o semi-escultóricas donde muy escasamente se recurre a incisión complementaria. Superficies alternativamente tratadas con alisado-opaco o pulido. Los motivos frecuentes son personajes de trato naturalista, moluscos dobles (Spondylus-Strombus), animales o frutos. Las piezas 208, 210 a 212 llevan pintura pre-cocción blanca y podrían significar una sub-variante. Se nota ausencia de aplicaciones simples. Las pastas varían de marrón a gris.

Figs. 214 a 242; págs. 146—153.

Botellas modeladas de gollete-estribo angular, base plana, borde recto y labio redondeado. Cuerpo escultórico o compuesto. Decoración complementaria frecuente mediante incisión superficial sobre pasta dura o seca an diseños de cabezas mitológicas esquematizadas. Representaciones naturalistas de moluscos y frutos. Superficie pulida. Pastas marrón a gris. El tema frecuentemente repetido es una composición romboidal relievada, de forma globular (con cabezas esquematizadas) que podría ser un motivo fitomorfo. Una sub-variante morfológica incluye botellas globulares con diseños angulares formando paneles con cabezas similares (228—232). Otra sub-variante consiste en formas compuestas sencillas (233—242). Las pastas son mayormente de color gris y las superficies pulidas.

Figs. 243 a 250; págs. 153—155.

Botellas modeladas de gollete-estribo angular y cuerpo escultórico compuesto. Base plana, borde recto y labio redondeado. El gollete es cerrado, proporcionalmente pequeño y el pico ligeramente corto. Decoración complementaria mediante incisión fina en pasta semi-seca. Se observan diseños mitológicos adicionales a cabezas esquematizadas simples o dobles. Los motivos centrales son variados.

Figs. 251 a 259; págs. 140, 156, 157.

Botellas modeladas de gollete-estribo angular, cuerpo escultórico compuesto, base plana y borde ligeramente evertido en su sección final. El gollete es alto y el pico considerablemente largo. Las representaciones muestran un excelente trabajo de modelado y acabado, predominando los temas figurativos.

Figs. 260 a 265; págs. 157, 158.

Botellas de gollete-estribo angular, achatado y proporcionalmente pequeño, borde ligeramente evertido y/o reforzado. Cuerpo globular achatado o compuesto. Decoración mediante incisión acanalada fina en pasta semi-seca, con motivos mitológicos complejos de excelente trazo y dispuestos hacia un solo lado de la vasija. Ocasional uso de aplicaciones y modelado escultórico; sin embargo, la mayor parte corresponde a formas llanas. Pastas granulares finas y color predominante gris.

Figs. 266 a 273; págs. 140, 159, 160.

Botellas modeladas de gollete-estribo arqueado, pico alargado, borde recto y labio redondeado. Representaciones semi-escultóricas o compuestas. Decoración complementaria mediante incisión acanalada superficial que separa áreas pintadas en negro o blanco pre-cocción. Superficie generalmente engobada de color rojo a marrón. Pastas oxidadas de textura granular.

Figs. 274 a 286; págs. 160—164.

Botellas modeladas o globulares de gollete-estribo arqueado con fuerte engrosamiento en los hombros que proporciona un robusto perfil angular, pico alargado, borde ligeramente evertido y labio redondeado. Decoración mediante incisión superficial fina separando áreas previamente pintadas en negro o marrón oscuro pre-cocción sobre un engobe rojo general. Motivos de cabezas esquematizadas o comisuras bucales en trazo volutiforme y otros complementarios (círculos concéntricos o angulares sencillos). Superficies pulidas y pastas oxidadas.

Fig. 289; pág. 165.

Botellas modeladas de gollete-estribo arqueado o angular engrosado, borde ligeramente evertido y reforzado, labio aplanado. Formas escultóricas con decoración complementaria mediante aplicaciones, incisión y punteado.

Figs. 287, 288, 290 a 298; págs. 165, 166.

Botellas globulares de gollete-estribo arqueado grueso proporcional al cuerpo, borde biselado y engrosado hacia el exterior. Labio plano y ligeramente redondeado. La unión entre labio y borde es curvada. Decoración mediante incisión acanalada pulida o superficial fina en diseños mitológicos esquematizados que podrían indicar sub-variantes temático-técnicas. Los colores de superficie varían entre gris y marrón.

Figs. 299 a 326; págs. 161, 167—173.

Botellas globulares o compuestas de gollete-estribo arqueado grueso y proporcional al cuerpo, reborde biselado y fuertemente engrosado al exterior, labio ligeramente redondeado. La unión entre labio y borde es definida. Decoración característica mediante aplicaciones, excisión, incisión acanalada pulida, punteado simple o mecido que generalmente cubre el cuerpo y asa. Motivos geométricos y mitológicos esquematizados. Las piezas 325, 326 representarían subvariantes atípicas. Los colores varían de gris a marrón.

Figs. 327 a 329; págs. 161, 172, 173.

Botellas globulares de gollete-estribo arqueado grueso y proporcional al cuerpo, reborde biselado fuertemente engrosado al exterior, en ángulo. Decoración mediante aplicaciones, excisión, peinado, incisión acanalada y punteado mecido en diseños de gran relevamiento visual.

Figs. 330 a 342; págs. 172, 174, 175.

Botellas globulares o compuestas de gollete-estribo arqueado (ligeramente mas delgado que las variantes precedentes), borde recto o escasamente combado y reborde biselado, engrosado al exterior y pronunciadamente redondeado. Decoración mediante aplicaciones, incisión acanalada pulida, punteado mecido, peinado e impresiones. Motivos mitológicos esquematizados o simbolismos geométricos. En el color de superficie predominan los diversos tonos de gris.

Figs. 343 a 350, 356 a 369; págs. 172, 176, 177, 179—181.

Botellas modeladas o globulares de gollete-estribo arqueado (relativamente delgado), borde convergente, reborde biselado al interior y fuertemente redondeado e inclinado hacia el exterior. La mayor parte de vasijas tienden a la escultura o semi-escultura, representaciones mitológicas, personajes y animales, tratados peculiarmente con áreas de contraste y modificación de superficie (incisión acanalada, punteado, peinado, aplicaciones modeladas, etc.). En el color de superficie predominan diversos tonos de gris.

Figs. 351 a 353; págs. 178, 179.

Botellas modeladas de gollete-estribo arqueado (delgado), borde convergente, reborde biselado al interior y fuertemente redondeado e inclinado hacia el exterior. Superficie tratada con pintura pre-cocción en tonos blanco-amarillento, rojo-anaranjado o marrón morado a negro, separados por incisiones acanaladas superficiales. Adicionalmente se recurrió a punteado fino. Motivos de notable similitud a la variante anterior. Pastas oxidadas.

Figs. 370 a 374; págs. 179, 182.
Botellas globulares o compuestas de gollete-estribo arqueado y delgado (en desproporción al pico), borde convergente, reborde poco pronunciado y totalmente redondeado. Decoración mediante aplicaciones sencillas e incisión acanalada en diseños angulares o grandes círculos concéntricos y excepcionalmente mitológicos. Opcional aplicación de pintura blanca o rojo oscura pre-cocción. Pastas oxidadas.

Figs. 375 a 380; pág. 183.
Botellas globulares de gollete-estribo arqueado y delgado, borde recto o ligeramente convergente y labio redondeado. Superficie llana pulida o excepcionalmente decorada con incisiones acanaladas superficiales y sencillas. Mayormente llevan pintura blanca pre-cocción en la sección inferior del cuerpo sobre un engobe general rojo-anaranjado. Superficies pulidas y pastas oxidadas.

Figs. 354, 355; pág. 178.
"Botellas refrigerantes", modeladas, de perfil globular o compuesto. Decoración complementaria mediante incisión superficial. El cuerpo interior contendría el líquido, las paredes exteriores aparecen caladas. Solamente existen dos ejemplares, una botella de gollete-estribo y otra de gollete tubular recto.

Figs. 381, 383; pág. 184.
Botellas modeladas de asa-estribo arqueada, bordes evertidos y labio redondeado, cuerpo de forma anular y cabeza aplicada de sencillo. Variante poco frecuente y un tanto atípica.

Botellas de asa-puente

Fig. 382; pág. 184.
Botella modelada de trato semi-escultórico y cuerpo en forma de bota. Asa-puente cintada, corta y central. Gollete tubular, labio redondeado o ligeramente reforzado. Decoración complementaria mediante incisión superficial. Lleva mecanismo de silbato y otros pintura post-cocción.

Figs. 384 a 394; págs. 184, 185.

Botellas globulares compuestas, con aplicación modelada sobre un lado del cuerpo, gollete tubular recto, labio redondeado o ligeramente aplanado y asa-puente achatada (uniendo gollete y aplicación). Decoración mediante incisión fina y punteado, en diseños angulares sencillos y escasamente mitológicos. Generalmente llevan mecanismo de silbato. Los ejemplares 391 a 394 tienen pastas oxidadas y pintura pre-cocción blanca u oscura, los precedentes son de color gris a marrón, sugiriendo posibles sub-variantes.

Figs. 395 a 398; pág. 186.

Botellas globulares compuestas, con aplicación modelada sobre un lado del cuerpo, asa-puente cintada, gollete tubular y reborde. Decoración mediante incisión acanalada superficial y punteado. Representaciones figurativas. Normalmente carecen de mecanismo de silbato. Superficies pulidas. Pastas de color oscuro. El ejemplar 398 tiene similitud de formas y fuerte reborde biselado, indicando una posible sub-variante.

Figs. 399, 400; pág. 187.

Botellas modeladas de trato escultórico, gollete tubular recto y asa-puente cintada. Pasta oxidada.

Botellas de gollete corto y cántaros u ollas

Figs. 406, 408, 409, 412; pág. 188.

Botellas globulares de gollete corto y labio redondeado; se distinguen como posibles sub-variantes: de gollete convergente y ligeramente combado.

Figs. 405, 407, 410, 411, 413, 414; pág. 188.

Cántaros globulares con cuello, base convexa, borde escasamente evertido y labio redondeado. Cuerpo globular achatado y ligeramente elevado. Decoración mediante incisión superficial en diseños curvos o angulares sencillos. Excepcionalmente se emplean áreas depresionadas y aplicaciones para representaciones figurativas (413).

Fig. 401; págs. 179, 187.

Cántaro modelado escultórico sin cuello. Decoración complementaria mediante incisión cortante en pasta húmeda, áreas depresionadas, superficie bruñida y pintura post-cocción.

Cuencos, tazas, vasos y platos

Figs. 402, 404; pág. 187.
Cuencos cerrados de borde recto y labio redondeado. Se pueden distinguir dos sub-variantes: con aplicaciones modeladas e incisión superficial fina (402) y de perfil angular con uso de pintura pre-cocción separada por incisiones (404).

Figs. 403, 431 y 436; págs. 187, 190, 191.
Cuencos abiertos o cerrados de borde evertido o recto, labio redondeado y base convexa. Decoración mediante incisión cortante en pasta húmeda, áreas depresionadas y escasas aplicaciones, superficies bruñidas y alisado-ásperas con pintura post-cocción roja, amarilla y blanca. Pastas de color marrón y texturas granulares gruesas.

Figs. 426, 427, 429; pág. 191.
Cuencos abiertos de borde recto, labio aplanado y ligeramente biselado al interior, base semi-plana. Decoración mediante incisión superficial fina con motivos mitológicos, círculos concéntricos o volutas, dispuestos bajo una línea alrededor del borde. Pastas predominantemente de color gris.

Fig. 419; págs. 179, 189.
Cuenco modelado abierto de borde convergente, labio redondeado y base plana. Decoración complementaria mediante aplicaciones e incisión. Color gris.

Figs. 415, 416, 417, 420; pág. 189.
Vasos de borde evertido, labio redondeado o ligeramente aplanado y base plana. Se pueden distinguir dos sub-variantes: (a) con incisión acanalada en pasta semi- seca o seca, formando diseños geométricos o mitológicos. Algunos llevan asa lateral cintada y otros son llanos (416, 417, 420); (b) con incisión fina y pintura pre-cocción blanca (415).

Figs. 418, 422, 423, 425; págs. 179, 189.
Vasos de borde recto, labio aplanado, biselado o reforzado y base plana. Decoración por incisión acanalada y fina, aplicaciones y áreas pulidas, diseños sencillos en círculos concéntricos o excepcionalmente figurativos (418).

Figs. 421, 424; pág. 189.

Tazas de perfil compuesto, base plana y labio redondeado. Decoración por incisión acanalada superficial fina y aplicaciones. Motivos geométricos sencillos. Superficies de color gris. Las vasijas de lados fuertemente evertidos constituyen una forma bastante singular.

Figs. 428, 430; pág. 191.

Platos de base semi-plana, bordes rectos y labio redondeado. Decoración en la superficie exterior mediante incisión cortante superficial, ligeramente acanalada. Motivos geométricos (círculos concéntricos, bandas o escalones) y mitológicos. Superficie alisado-áspera en el área del diseño con empleo de pintura post-cocción (roja, blanca, amarilla). Una posible sub-variante constituirían los ejemplares con bordes almenados o lobulados. Pastas de color marrón y textura granular gruesa.

Figs. 432 a 435, 437; págs. 190, 191.

Platos de base plana, bordes rectos, almenados o lobulados y labio redondeado. Decoración exterior mediante incisión acanalada en pasta semi-seca. Motivos mitológicos felínicos de trato angular y sub-angular y geométricos complejos. Superficie pulida o escasamente pulida con empleo de pintura post-cocción (roja, blanca, amarilla). Pastas de color marrón.

Figs. 438, 439, 441, 443; págs. 190, 192.

Platos de base plana, paredes ligeramente evertidas y labio redondeado. Decoración exterior en las paredes y base mediante excisión e incisión gruesa en pasta semi-seca, con motivos mitológicos abigarrados y complejos. El tamaño constante varía entre 19—22 cms. de diámetro. Superficies de color gris.

Figs. 440, 442; pág. 192.

Platos de base semi-plana, paredes ligeramente evertidas y labio redondeado. Decoración exterior mediante incisión superficial acanalada. Con motivos de cabezas o comisuras bucales esquematizadas, opcionalmente complementando representaciones modeladas. Superficies pulidas de color gris.

Figs. 444 a 455; págs. 193, 194.
Platos de base semi-plana, paredes ligeramente evertidas y labio redondeado. Decoración exterior mediante incisión en pasta seca o dura, con motivos de cabezas esquematizadas, volutas dobles, escalones, bandas, angulares sencillos y campos de reticulado grueso. El ejemplar 455, con paredes combadas y vertedera podría constituir una sub-variante. Pastas de colores grises y superficies pulidas.

Figs. 456 a 458; págs. 190, 194.
Platos de base semi-plana, bordes rectos o simétricamente modificados y labio redondeado. Decoración mediante incisón superficial en diseños sencillos (círculos concéntricos, escalones o angulares), tratados con pintura pre-cocción blanca o negra. Superficies pulidas y pastas oxidadas.

Fig. 459; pág. 194.
Cuenco cerrado con mango ("tostador o canchero"), base plana, cuerpo achatado y decoración mediante incisión en pasta seca. Superficie de color gris.

Figurinas y miniaturas

Fig. 460; pág. 194.
Vasija-miniatura, modelado-escultórica. Decoración complementaria mediante incisión. Motivos mitológico-felínicos de trato curvilíneo y ojos con lagrimales. Conserva trazas de pintura post-cocción.

Figs. 461 a 466, 469, 470; págs. 190, 195.
Figurinas modelado-escultóricas, representando personajes de cuerpo entero y trato naturalista, decoración facial, ojos generalmente angulares y complejos tocados. Frecuentemente se emplea incisión superficial acanalada, perforaciones e impresión de puntos al inicio de las líneas. Superficies pulidas o escasamente pulidas con empleo de pintura post-cocción blanca. Pastas de color marrón.

Figs. 467, 468; pág. 195.
Ocarinas modeladas de trato escultórico, representando personajes o animales, complementados con incisión e impresiones sencillas y ocasionalmente decorados con pintura post-cocción.

Comentario de las figuras

1. *Valle Jequetepeque.* — Botella de base plana y labio ligeramente adelgazado. Decoración mediante incisiones en pasta semi-seca formando diseño mítico, rellenado con incisiones pulidas en pasta dura. Superficie engobada en rojo, alisada y bruñida. — Colección: César Rodríguez R.
2. *Valle Jequetepeque.* — Botella modelada de base plana y labio redondeado. Decoración por incisión irregular mediana y líneas finas superficiales en pasta dura. Superficie pulida y bruñida. Pasta granular. Color rojo oscuro (por engobe). — Colección: Oscar Rodríguez R.
3. *Valle Jequetepeque.* — Botella modelada de base plana y labio redondeado. Borde ensanchado. Decoración por incisión superficial y alisado estriado en pasta dura. Superficie bruñida. Color rojo. Pasta granular. — Colección: César Rodríguez R.
4. *Valle Jequetepeque.* — Botella modelada de base plana y labio redondeado. El borde ensanchado por artefacto semi-esférico. Decoración mediante incisión superficial y estriado pulido en pasta dura. Pasta granular. Superficie pulida. Color rojo. — Colección: César Rodríguez R.

5a.b. *Valle Jequetepeque.* — Botella de base plana y labio redondeado. Diseños mitológicos mediante incisión gruesa con áreas punteadas. Pasta granular. Superficie pulida con engobe rojo. — Colección: tomado de una foto César Rodríguez R.

6. *Valle Jequetepeque.* — Botella modelada de base plana y labio redondeado. Decoración por incisión acanalada en pasta húmeda y estriado pulido en pasta dura. Superficie alisada y bruñida. Color gris oscuro. — Colección: César Rodríguez R.
7. *Valle Jequetepeque.* — Botella modelada de base plana y labio redondeado. Decoración mediante incisiones acanaladas anchas y superficiales en reticulado. Pasta granular fina. Superficie pulida y bruñida. Color gris claro. — Colección: César Rodríguez R.
8. *Valle Jequetepeque.* — Botella modelada de base plana y labio redondeado (ligeramente reforzado). Decoración por incisión acanalada superficial y punteado. Superficie alisada y bruñida. Pasta granular. Color gris oscuro manchado. — Colección: César Rodríguez R.
9. *Valle Jequetepeque.* — Botella modelada de base plana y labio redondeado. Decoración mediante incisión en pasta semi-seca y líneas bruñidas. Pasta granular. Color marrón. — Colección: Oscar Rodríguez R.

10. *Valle Jequetepeque.* — Botella modelada de base plana y labio redondeado. Decoración por cinta aplicada (con impresiones), incisiones medianas e incisión superficial fina en pasta dura (pulida). Superficie pulida y bruñida. Color rojo (engobe). — Colección: Oscar Rodríguez R.

11. *Pampa Larga (Valle medio de Jequetepeque).* — Botella modelada de base plana, borde evertido, labio redondeado. Incisiones anchas, superficiales e irregulares. Diseño doble. Pasta granular. Superficie bruñida. Color gris oscuro a negro. — Colección: Archivo Kcomt; hoy colección Ludwig (Bolz 1975 lám. 1).

12. *Valle Jequetepeque.* — Botella modelada de base plana y labio redondeado. Incisión acanalada en pasta semi-seca. Superficie alisada y con incisiones superficiales muy finas, área de diseño y gollete bruñidas. Pasta granular. Color rojo oscuro. — Colección: Oscar Rodríguez R.

13. *Valle Jequetepeque.* — Botella modelada de base semi-plana y labio redondeado. Decoración por punteado oblicuo grueso. Pasta granular. Superficie pulida. Color gris oscuro a negro. — Colección: César Rodríguez R.

14. *Valle Jequetepeque.* — Botella modelada de base plana y labio redondeado. Decoración por incisión cortante superficial y "peinado" sobre pasta dura. Superficie alisada y pulida. Pasta granular. Color gris. — Colección: César Rodríguez R.

15. *Valle Jequetepeque (Chungal).* — Botella modelada de base plana y labio redondeado. Decoración mediante incisiones superficiales y punteado oblicuo en pasta semi-seca. Superficie alisada y pulida. Color marrón manchado. — Colección: Museo Brüning.

16. *Valle Jequetepeque.* — Botella modelada de base semi-convexa y labio redondeado. Decoración por incisión superficial fina (peinado). Pasta granular. Superficie pulida. Color marrón oscuro. — Colección: César Rodríguez R.

17. *Valle Jequetepeque.* — Botella modelada de base semi-plana y labio redondeado. Decoración por incisión superficial en pasta semi-seca. Pasta granular. Superficie alisada y pulida. Color marrón oscuro. — Colección: César Rodríguez R.

18. *Valle Jequetepeque.* — Botella modelada de base semi-plana y labio redondeado (ligeramente reforzado). Decoración por incisión superficial y punteado oblicuo. Pasta granular fina. Superficie pulida. Color rojo oscuro. — Colección: César Rodríguez R.

19. *Valle Jequetepeque.* — Botella modelada de base semi-plana y labio redondeado. Decoración peinado fino. Pasta granular. Superficie alisada y pulida. Color marrón oscuro a gris. — Colección: César Rodríguez R.

20. *Valle Jequetepeque.* — Botella modelada de base semi-plana y labio redondeado (con huellas interiores de alisador esférico). Superficie alisado-áspera y diseño insinuado por líneas anchas bruñidas. Pasta granular. Color marrón manchado. — Colección: Oscar Rodríguez R.

21. *Valle Zaña.* — Botella modelada de base semi-plana, borde evertido y labio redondeado. Decoración mediante incisiones superficiales anchas en pasta semi-seca formando líneas achuradas. Pasta granular fina. Superficie alisada y pulida con bruñimiento en la parte inferior del cuerpo. Color marrón claro. — Colección: Giorgio Battistini.

22. *Valle Jequetepeque.* — Botella modelada de base semi-convexa y labio redondeado. Superficie alisado-áspera con diseño bruñido en pasta dura. Color marrón oscuro. Pasta granular. — Colección: Oscar Rodríguez R.

23. *Valle Jequetepeque.* — Botella modelada de base semi-plana y bordes redondeados. Decoración mediante incisiones superficiales pulidas en pasta dura y áreas bruñidas. Pasta granular fina. Superficie alisada y bruñida. Color marrón manchado. — Colección: Oscar Rodríguez R.

24. *Valle Jequetepeque.* — Botella modelada de base plana y labio redondeado. Decoración mediante incisión acanalada superficial con áreas reticuladas formando un posible diseño fitomorfo. Pasta granular. Superficie alisada y pulida. Color marrón claro. — Colección: Oscar Rodríguez R.

25. *Valle Jequetepeque.* — Botella de cuerpo globular achatado, borde ligeramente evertido y labio redondeado. Decoración mediante aplicación cintada en forma de doble voluta y líneas incisas. Color marrón oscuro a gris. Superficie pulida. — Colección: tomado de una foto César Rodríguez R.

26. *Valle Jequetepeque.* — Botella modelada de base plana y labio redondeado. Incisión superficial acanalada y punteado. Superficie pulida. Color marrón oscuro. Pasta granular fina. — Colección: Oscar Rodríguez R.

27. *Valle Jequetepeque.* — Botella modelada de base plana y labio redondeado. Decoración por tiras aplicadas de sección triangular (con impresiones por ambos lados). Superficie pulida. Color gris. Pasta granular. — Colección: Oscar Rodríguez R.

28. *Valle Jequetepeque.* — Botella modelada de base plana y labio redondeado. Lleva tiras aplicadas (con impresiones) e incisiones superficiales en pasta dura. Superficie pulida. Color gris manchado. Pasta granular. — Colección: Oscar Rodríguez R.

29. *Valle Jequetepeque.* — Botella modelada de base plana y labio redondeado. Decoración por tiras aplicadas e impresiones. Pasta granular. Superficie pulida. Color rojo. — Colección: César Rodríguez R.

30. *Valle Jequetepeque.* — Botella modelada de base plana y labio redondeado. Tiras aplicadas (con impresiones) e incisión acanalada superficial. Superficie pulida y con líneas de bruñimiento. Color gris oscuro. Pasta granular fina. — Colección: Oscar Rodríguez R.

31. *Valle Jequetepeque.* — Botella modelada de base semi-plana y labio exteriormente redondeado. En el interior se nota el empleo de alisador esférico o cónico. Decoración por tiras aplicadas e impresiones. Superficie parcialmente pulida y bruñida. Pasta granular. Color gris claro. — Colección: Oscar Rodríguez R.

32. *Valle Jequetepeque.* — Botella modelada de base plana y labio redondeado. Decoración por tiras aplicadas con impresiones. Superficie pulida. Color marrón. Pasta granular. — Colección: Oscar Rodríguez R.

33. *Valle Jequetepeque.* — Botella modelada de base semi-plana y labio redondeado. Decoración por aplicaciones irregulares. Superficie alisado-áspera (gollete bruñido). Pasta granular. Color marrón oscuro. — Colección: Oscar Rodríguez R.

34. *Valle Jequetepeque.* — Botella modelada de base semi-plana y labio redondeado. Decoración por aplicaciones, incisión cortante superficial acanalada e impresiones. Superficie alisada y bruñida. Pasta granular. Color gris oscuro a negro. — Colección: César Rodríguez R.

35. *Valle Jequetepeque.* — Botella modelada de base semi-plana y labio redondeado. Decoración por tiras aplicadas (con impresiones) y áreas restantes bruñidas. Pasta granular. Color marrón oscuro. — Colección: Oscar Rodríguez R.

36a.b. *Cerro Boró (Valle Chancay).* — Botella modelada de base semi-plana y borde redondeado ligeramente engrosado. Decoración mediante tiras aplicadas e incisión profunda. Pasta granular. Superficie alisada y bruñida. Color marrón. La decoración forma volutas, bandas paralelas y campos cuadrangulares. — Colección: Giorgio Battistini.

37. *Valle Jequetepeque.* — Botella modelada de base semi-convexa y labio redondeado. Decoración por aplicaciones. Superficie bruñida. Pasta granular. Color rojo (engobe). — Colección: César Rodríguez R.

38. *Pampa Larga (Valle medio de Jequetepeque).* — Botella modelada de base plana, borde evertido y labio redondeado. Banda aplicada impresa y punteado lineal. Pasta granular. Superficie pulida. Color marrón. — Colección: Archivo Kcomt.

39. *Valle Jequetepeque.* — Botella, base plana, borde evertido, labio redondeado. Decorada con incisión superficial acanalada y punteado regular con instrumento achatado. Pasta granular. Superficie alisada y pulida. Color marrón. — Colección: Archivo Kcomt.

40. *Valle Jequetepeque.* — Botella simple, base plana, borde evertido, labio redondeado. Incisión irregular en pasta semi-seca. Punteado irregular en los diseños. Pasta granular. Superficie alisada. Color marrón. — Colección: Archivo Kcomt.

41. *Valle Jequetepeque.* — Botella modelada de base plana y labio redondeado ligeramente engrosado. Decoración mediante incisión superficial ancha y punteado. Pasta granular fina. Superficie pulida. Color gris. — Colección: fotografía César Rodríguez R.

42. *Valle Jequetepeque.* — Botella modelada de base plana, borde ensanchado y labio redondeado. Diseño esquemático naturalista de una mano mediante incisión en pasta semi-seca. El área restante del diseño lleva líneas brunidas superficiales. Pasta granular. Superficie alisada y pulida. Color gris. — Colección: César Rodríguez R.

43. *Valle Jequetepeque.* — Botella modelada de base plana y labio redondeado. Pasta granular. Superficie pulida. Decoración por incisión en pasta seca. Color marrón. — Colección: César Rodríguez R.

44. *Valle Jequetepeque.* — Botella modelada de base plana y labio redondeado. Pasta granular fina. Superficie bruñida. Color gris. — Colección: Oscar Rodríguez R.

45. *Valle Jequetepeque.* — Botella modelada de base plana y labio redondeado. Decoración por incisión superficial y punteado oblicuo. Pasta granular. Superficie pulida y bruñida. Color marrón. — Colección: César Rodríguez R.

46. *Valle Jequetepeque.* — Botella modelada de base plana y labio redondeado. Decoración por incisión acanalada y peinado superficial. Superficie alisada y pulida. Pasta granular fina. Color gris. — Colección: César Rodríguez R.

47. *Valle Jequetepeque.* — Botella modelada de base plana y labio redondeado. Incisión superficial en pasta dura. Pasta granular. Color gris. Superficie alisada y bruñida. — Colección: Archivo Kcomt.

48. *Valle Jequetepeque.* — Botella modelada de base plana y labio redondeado. Pasta granular fina. Superficie pulida. — Colección: César Rodríguez R.

49. *Valle Jequetepeque.* — Botella modelada de base plana y labio redondeado (con huellas de alisador esférico interior). Decoración por incisión mediana en pasta semi-seca. Color gris. — Colección: Oscar Rodríguez R.

50. *Valle Jequetepeque.* — Botella modelada de base plana y labio redondeado. Superficie con líneas de bruñido final. Pasta granular. Color negro. — Colección: Oscar Rodríguez R.

51. *Tolón (Valle bajo de Jequetepeque).* — Botella modelada de forma compuesta, base semi-plana, borde evertido y labio redondeado. El cuerpo superior lleva aplicaciones que representarían dedos de ave rapaz. Decoración por punteado irregular. Pasta granular fina. Superficie pulida y bruñida. Color gris. — Colección: Archivo Kcomt; hoy en colección Gillett G. Griffin (U.S.A.); Lapiner 1976, 43.

52. *Valle Jequetepeque.* — Botella modelada compuesta, base plana y reborde. Lleva aplicaciones modeladas representando garras. Pasta granular fina. Superficie pulida. Color gris. — Colección: Archivo Kcomt.

53. *Tolón (Valle bajo de Jequetepeque).* — Botella compuesta, base semi-plana, borde evertido y labio redondeado. Modelada por rotación. Aplicaciones y punteado oblicuo. Representaría un cáctus. Pasta granular fina. Superficie pulida. Color rojo oscuro. — Colección: Archivo Kcomt.

54. *Valle medio (Montegrande).* — Botella modelada compuesta, base semi-plana, borde ensanchado y labio redondeado. Decoración mediante aplicaciones, impresiones y punteado oblicuo. Pasta granular fina. Superficie pulida. — Colección: Fotografía Tembladera 1968.

55. *Valle Jequetepeque.* — Cuerpo de una botella compuesta, base semi-plana, decorada con aplicaciones y punteado. Pasta granular. Superficie pulida. Color gris oscuro. — Colección: César Rodríguez R.

56. *Valle Jequetepeque.* — Botella modelada compuesta, base plana. Lleva aplicaciones, impresiones e incisión cortante superficial. Pasta granular. Superficie pulida. Color marrón oscuro. — Colección: Oscar Rodríguez R.

57. *Valle Jequetepeque.* — Botella modelada compuesta, base plana y labio ligeramente aplanado. Decoración por tiras aplicadas (con impresiones) y áreas bruñidas. Pasta granular. Superficie alisada y bruñida. Color rojo. — Colección: Oscar Rodríguez R.

58. *Valle Jequetepeque.* — Botella modelada compuesta, base plana y labio redondeado. Aplicaciones, áreas depresionadas, incisiones e impresiones forman la representación ornitomorfa superior. Pasta granular fina. Superficie pulida. Color gris oscuro. — Colección: César Rodríguez R.

59. *Montegrande (Valle medio de Jequetepeque).* — Botella compuesta, base plana, borde evertido, labio ligeramente aplanado. Decoración "pupilar" impresa en pasta húmeda e incisiones acanaladas. En la parte inferior líneas finas superficiales obtenidas en pasta seca. Pasta granular. Superficie alisada y pulida. Color marrón oscuro. — Colección: Archivo Kcomt.

60a.b. *Pampa Larga (Valle medio de Jequetepeque).* — Botella modelada compuesta, labio redondeado, base plana. Representa cabeza humana felinizada, decorada con incisiones irregulares en pasta semi-seca. El tocado compuesto por aplicaciones planas de arcilla. En la base del gollete existe una doble perforación. Pasta granular, superficie alisada y pulida. Color marrón oscuro. Conserva trazas de pigmento rojo post-cocción. Los diseños no visibles del cuerpo inferior son cabezas esquematizadas. — Colección: Archivo Kcomt. Según un dibujo (sin foto) de Lapiner 1976, se encuentra en colección particular.

61. *Valle Jequetepeque.* — Botella modelada compuesta, base plana y labio redondeado (con empleo de alisador interior). Representación escultórica de un arácnido. Diseños en incisión fuerte sobre pasta semi-seca. Superficie bruñida. Color gris oscuro. — Colección: Oscar Rodríguez R.

62. *Valle Jequetepeque.* — Botella modelada, base semi-plana y labio redondeado. Incisión superficial irregular. Modelo aparentemente compuesto. Pasta granular, superficie pulida. Color marrón claro. — Colección: César Rodríguez R.

Comentario de las figuras / Abbildungserklärung

63a.b. *Tembladera (Valle medio de Jequetepeque).* — Botella modelada, labio redondeado, base plana. Cabeza felínica con atributos varios decorada mediante incisión en pasta semi-seca. Lleva areas depresionadas, excisiones y aplicaciones plano-irregulares. Pasta granular, superficie alisado-áspera. Color marrón oscuro. Pintura post-cocción en secciones. — Colección: Archivo Kcomt.

64a.b. *Quindén (Valle medio de Jequetepeque).* — Botella modelada compuesta, labio redondeado, base plano irregular. Ave felinizada, decorada con incisiones cortantes en pasta húmeda. Aplicaciones planas complementan la representación. Pasta granular, superficie alisado-áspera. Color marrón oscuro. Lleva campos con color rojo post-cocción. — Colección: Archivo Kcomt.

65. *Pampa Larga — Yonán (Valle medio de Jequetepeque).* — Botella modelada, labio redondeado, base semi-plana. Decoración básica probablemente excidida. Incisiones en pasta semi-seca complementan representación de cabezas invertidas y alternas. Pasta granular. Superficie pulida. Color marrón oscuro. — Colección: Archivo Kcomt.

66a.b. *Quindén (Valle medio de Jequetepeque).* — Botella escultórica modelada, labio redondeado, base plana. Representa ave felinizada, decorada con incisión en pasta húmeda. Los diseños inferiores simulan plumaje. Al costado superior aparece cabeza de serpiente parcialmente aplicada. Pasta granular, superficie parcialmente pulida, sección alisado-áspera lleva pintura post-cocción roja y amarilla en campos separados por incisiones. Color marrón oscuro. — Colección: Archivo Kcomt; hoy colección particular U.S.A. (según Lapiner 1976 pág. 50).

67a.b. *Valle Jequetepeque.* — Fragmento de botella modelada, decoración por excisión, áreas depresionadas e incisión acanalada ancha. Lleva pintura roja y blanca (el color rojo aparentemente puesto antes de la cocción). Pasta granular. — Colección: César Rodríguez R.

68. *Valle Jequetepeque.* — Botella modelada de base plana y labio redondeado. Superficie pulida con líneas de bruñido. Pasta granular. Color rojo bajo. — Colección: Oscar Rodríguez R.

69. *Valle Jequetepeque.* — Botella modelada de base plana y labio redondeado. Superficie alisado-áspera con bandas bruñidas a modo de decoración. Pasta granular. Color rojo oscuro. — Colección: César Rodríguez R.

70. *Tolón (Valle bajo de Jequetepeque).* — Botella simple de base plana y labio redondeado. El cuerpo tiene la superficie alisado-áspera, gollete y cuatro bandas bruñidas. Pasta granular. Color rojo oscuro. — Colección: Archivo Kcomt.

71. *Valle Jequetepeque.* — Botella modelada de base semi-plana y labio redondeado. Decoración por incisión acanalada superficial y punteado oblicuo. Superficie pulida. Pasta granular. Color gris. — Colección: César Rodríguez R.

72. *Valle Jequetepeque.* — Botella modelada de base semi-plana y labio redondeado. Representación zoomorfa inidentificable. Pasta granular. Superficie pulida. Color gris oscuro manchado. — Colección: Oscar Rodríguez R.

73. *Valle Jequetepeque.* — Botella fragmentada de base plana y labio redondeado. Representación ornitomorfa sencilla mediante áreas depresionadas y aplicaciones. Pasta granular. Superficie escasamente pulida. Color gris. — Colección: César Rodríguez R.

74. *Valle Jequetepeque.* — Botella modelada compuesta, base semi-plana y labio redondeado. Decoración mediante aplicaciones figurando una superficie con estrías de bruñimiento vertical. — Colección: Oscar Rodríguez R.

75. *Pampa Larga (Valle medio de Jequetepeque).* — Botella modelada de base semi-plana, borde evertido y labio redondeado. Lleva cabeza aplicada. Superficie alisado-áspera con huellas de líneas bruñidas en pasta dura. Pasta granular. Color gris. — Colección: Archivo Kcomt.

76. *Valle Jequetepeque.* — Botella globular de base plana y labio redondeado. Decoración mediante bandas verticales bruñidas. Superficie alisado-áspera. Color marrón. — Colección: Oscar Rodríguez R.

77a—c. *Valle Zaña.* — Botella modelada compuesta de base semi-plana y labio redondeado. Representación ornitomorfa en la parte superior complementada mediante aplicaciones e incisión en pasta dura. Pasta granular fina. Superficie pulida. Color marrón claro. — Colección: Giorgio Battistini.

78. *Valle Jequetepeque.* — Botella de base plana y labio ligeramente aplanado. Decoración mediante incisión ancha superficial formando diseños geométricos. Superficie alisado-áspera. Color marrón. — Colección: Oscar Rodríguez R.

79. *Tolón (Valle bajo de Jequetepeque).* — Botella modelada de base convexa y labio ligeramente aplanado. Lleva incisiones cortantes. Pasta granular. Superficie pulida. Color rojo claro. — Colección: Archivo Kcomt.

80. *Valle Jequetepeque.* — Botella modelada de base semi-plana y labio redondeado. Lleva incisión superficial y punteado oblicuo, aparenta representar un molusco. Pasta granular. Superficie pulida. Color marrón oscuro. — Colección: César Rodríguez R.

81. *Valle Jequetepeque.* — Botella modelada de base plana y labio redondeado. Decoración mediante áreas simétricamente depresionadas e incisión. Color marrón. Superficie pulida. — Colección: foto César Rodríguez R.

82. *Valle Jequetepeque.* — Botella modelada compuesta, de base plana y labio redondeando. Lleva decoración reticulada mediante incisión en pasta dura. Superficie pulida y bruñida. Color gris oscuro. Pasta granular. — Colección: César Rodríguez R.

83. *Valle Jequetepeque.* — Botella modelada de base plana y labio redondeado. Decoración por aplicación serpentiforme y círculos estampados. Superficie pulida. Pasta granular. Color gris manchado. — Colección: César Rodríguez R.

88. *Valle Jequetepeque.* — Botella modelada de base plana y labio redondeado. Decoración mediante incisión irregular ancha en pasta semi-seca. Representación mitológica complementada con pintura roja post-cocción aplicada de manera irregular en las áreas del diseño. Pasta granular grumosa. Superficie general alisado-áspera. Color marrón oscuro. — Colección: César Rodríguez R.

89a.b. *Valle Jequetepeque.* — Botella modelada de base plana con representación mitológica compleja tratada mediante áreas depresionadas, incisión gruesa y aplicaciones planas laterales. Superficie alisado-áspera con aplicación de pintura post-cocción roja, amarilla y blanca. Pasta granular gruesa. Color marrón. — Colección: Archivo Kcomt, tomado de un dibujo.

90a—c. *Valle Jequetepeque.* — Botella modelada de base plana, figurando un personaje mitológico tratado mediante áreas depresionadas, incisión gruesa y aplicaciones planas. Lleva diseños oculares en el cuerpo. Pasta granular. Color gris. Superficie alisado-áspera y pulida. Con trazas de pintura post-cocción roja en áreas del diseño. — Colección: Archivo Kcomt, tomado de un dibujo.

91. *Quindén (Valle medio de Jequetepeque).* — Botella modelada compuesta, asa-estribo alta, labio redondeado, base plana. La compleja representación principal aparece en aplicaciones plano-cintadas de arcilla, complementándose con incisiones ligeramente acanaladas en pasta húmeda. Algunos diseños oculares no son fácilmente distinguibles (asa). Pasta granular, superficie alisada y áspera. Color marrón oscuro. Lleva pintura post-cocción roja y amarilla. — Colección: Archivo Kcomt.

92a.b. *Valle Jequetepeque.* — Botella (miniatura) modelada, de base plana y labio ligeramente reforzado. Decoración por incisión cortante y pintura post-cocción. Superficie alisada. Pasta granular gruesa. Color marrón claro. — Colección: César Rodríguez R.

93a—c. *Pampa Larga (Valle medio de Jequetepeque).* — Botella modelada y aplicaciones, labio redondeado, base plana. Representa un rostro cadavérico con pupilas centrales, pómulos marcados y boca dentada con las comisuras vueltas hacia abajo, de donde parten 2 serpientes cintadas. Incisiones en pasta semi-seca superficiales y profundas complementan la decoración y detalles. En la parte posterior cruzan los cuerpos de las 2 serpientes decorados con escalones y curvas entrecruzadas respectivamente. Aparte hay 2 cabezas esquematizadas en incisión. En la parte lateral se ven 3 apéndices bucales de la serpiente superpuestos a decoración de cuerpo, una oreja, pupila central y dientes sin colmillos. Pasta granular, superficie escasamente pulida y bruñida en sectores. Color: marrón oscuro. — Colección: Archivo Kcomt.

94a.b. *Valle Jequetepeque.* — Botella con base de pedestal cilíndrico calado y labio redondeado. Representación de una cabeza felínica mediante excisión, aplicaciones e incisión superficial ancha en pasta semi-seca. En la superficie alisado-áspera se advierten trazas de pintura post-cocción color rojo. Hacia la parte posterior existen diseños geométricos sencillos en forma de líneas oblicuas paralelas. Pasta granular. Color gris oscuro. — Colección: César Rodríguez R.

95. *Valle Jequetepeque.* — Botella modelada de base plana y labio redondeado (con empleo de alisador esférico en el interior). Incisión superficial. Superficie pulida. Pasta granular. Color rojo. — Colección: Oscar Rodríguez R.

96. *Valle Jequetepeque.* — Botella modelada de base plana y gollete limado. Incisión superficial fina. Superficie pulida. Pasta granular. Color marrón. — Colección: Oscar Rodríguez R.

97. *Valle Jequetepeque.* — Botella modelada base semi-plana y labio redondeado. Decoración por incisión acanalada, aplicaciones, impresión y punteado. Pasta granular. Color gris oscuro manchado. Superficie pulida. — Colección: César Rodríguez R.

98a.b. *Valle Zaña.* — Botella modelada de base plana y labio redondeado. Decoración geométrica mediante incisiones en pasta dura, incluyendo campos reticulados. Pasta granular fina. Superficie bruñida. Color beige. — Colección: Giorgio Battistini.

99. *Valle Zaña.* — Botella modelada de base plana, gollete compuesto y labio redondeado. Decoración mediante incisión en pasta semi-seca formando diseños geométricos sobre campo reticulado. Pasta granular fina. Superficie pulida. Color gris. — Colección: E. Poli.

100a—c. *Pay-Pay (Valle bajo de Jequetepeque).* — Botella escultórica modelada. Base semi-plana. Labio redondeado. Los ojos son incisiones cortantes profundas. Pasta granular fina. Superficie pulida. Color gris oscuro. Rojo post-cocción sobre la boca. — Colección: Archivo Kcomt.

101a.b. *Valle Jequetepeque.* — Botella (miniatura) modelada, de base plana y labio redondeado. Decoración por excisión e incisión fina superficial. Pasta granular. Superficie pulida. Color marrón oscuro. — Colección: César Rodríguez R.

102. *Valle Jequetepeque.* — Fragmento modelado de botella (gollete). Pasta granular fina. Superficie pulida. Color gris. — Colección: Archivo Kcomt.

103a—c. *Valle Jequetepeque.* — Botella modelada de base semi-plana y labio redondeado. Representa realísticamente un prisionero con los pies atados sobre la cabeza y las manos hacia atrás. Incisiones superficiales simulan un tocado. Pasta granular. Color rojo oscuro. — Colección: Archivo Kcomt.

104a—c. *Valle Jequetepeque.* — Botella modelada de base plana, borde ensanchado y labio redondeado, ligeramente reforzado. Representación semi-escultórica de un personaje sentado. Lleva impresiones, punteado e incisión en pasta semi-seca. Superficie pulida, bruñida. Pasta granular fina. Color gris. — Colección: foto César Rodríguez R.

105. *Valle Jequetepeque.* — Botella modelada compuesta, de labio redondeado y base irregular. Representación fitomorfa. Superficie pulida con líneas de bruñimiento. Pasta granular fina. Color gris oscuro. — Colección: César Rodríguez R.

106. *Valle Jequetepeque o Valle Zaña.* — Botella modelada escultórica de base plana y labio redondeado. Representa escena erótica. Incisiones superficiales complementan el motivo principal o forman diseños esquemáticos adicionales. Superficie pulida. Pasta granular fina. Color rojo. — Colección: E. Poli.

107. *Valle Jequetepeque.* — Botella modelada de base semi-plana, borde ensanchado y labio redondeado. Representación escultórica de una trompeta de caracol, complementada con incisiones. Pasta granular. Color marrón oscuro. — Colección: César Rodríguez R.

108. *Valle Zaña.* — Botella modelada escultórica compuesta de base plana y labio redondeado. Representa un personaje felinizado con tocado sobre la cabeza y las manos a la altura del pecho. Decoración mediante incisión acanalada superficial en pasta semi-seca. Pasta granular fina. Superficie pulida con pintura pre-cocción de color negro y blanco en áreas del diseño sobre el engobe general rojo. — Colección: E. Poli.

109. *Valle Jequetepeque.* — Botella modelada compuesta de base plana, borde evertido y labio redondeado. Representaciones fitomorfas en la parte superior. Decoración mediante aplicaciones e incisión. Pasta granular. Superficie alisada y pulida. Color marrón claro. — Colección: Oscar Rodríguez R.

110. *Valle Zaña o Valle Jequetepeque.* — Botella modelada de base plana y labio plano reforzado. Decoración mediante cinta relievada y combinación de incisión fina con acanalada ancha pulida. Pasta granular fina. Superficie pulida. Color gris oscuro a negro. — Colección: E. Poli.

111. *Valle Zaña.* — Botella modelada escultórica de labio redondeado. Representa personaje erguido portando una trompeta de caracol colgada al cuello. Complementan la representación aplicaciones e incisiones en pasta semi-seca. Pasta granular fina. Superficie con engobe general rojo y pintura pre-cocción blanca y negra en algunas áreas del diseño. — Colección: E. Poli.

112. *Pampa Larga (Valle medio de Jequetepeque).* — Botella modelada, base plana y reborde biselado. Decoración por aplicaciones, punteado oblicuo e incisiones acanaladas pulidas. Pasta granular fina. Superficie alisada y bruñida. Color gris oscuro. — Colección: Archivo Kcomt.

113. *Valle Jequetepeque.* — Botella globular de base plana y reborde. Decoración mediante incisión acanalada y punteado. Superficie alisada y pulida. Color gris. — Colección: tomado de una foto César Rodríguez R.

114. *Valle Zaña o Valle Jequetepeque.* — Botella modelada de base plana y labio plano y reforzado. Decoración mediante punteado con instrumento dentado e incisión acanalada ancha pulida, formando diseños mitológicos complejos. Pasta granular fina. Superficie pulida y bruñida. Color gris oscuro. — Colección: E. Poli.

115. *Valle Jequetepeque.* — Botella modelada de base plana y reborde. Decoración sencilla con incisión, acanalada pulida. Superficie bruñida, color gris claro. Pasta granular fina. — Colección: César Rodríguez R.

116. *Valle Jequetepeque.* — Botella modelada de base semi-convexa y labio redondeado. Superficie pulida y bruñida. Pasta granular. Color rojo oscuro. — Colección: César Rodríguez R.

117. *Valle Jequetepeque.* — Botella (miniatura) modelada de base semi-plana y labio redondeado. Decoración por punteado oblicuo grueso, aplicaciones e impresión. Superficie pulida. Color gris manchado. — Colección: César Rodríguez R.

118. *Valle Jequetepeque.* — Botella modelada de base semi-convexa y labio redondeado. Representación de un buho o lechuza. Complementan el diseño aplicaciones y líneas bruñidas. Superficie alisada. Color marrón-rojizo. Pasta granular fina. — Colección: Oscar Rodríguez R.

119. *Valle Jequetepeque.* — Botella (miniatura) modelada de base plana y labio redondeado. Decoración por punteado oblicuo grueso e incisiones. Pasta granular. Superficie pulida. Color gris manchado. — Colección: César Rodríguez R.

120. *Valle Jequetepeque.* — Botella (miniatura) modelada, de base plana y labio redondeado. Decoración por incisión superficial y tiras aplicadas impresas. Pasta granular. Superficie alisada y pulida. Color marrón-oscuro. — Colección: Oscar Rodríguez R.

121. *Valle Jequetepeque o Valle Zaña.* — Botella modelada de base plana y reborde. Decoración mediante incisión acanalada ancha, algunas veces achaflanada, formando diseños mitológicos complejos. Pasta granular fina. Superficie alisada y bruñida. Color marrón. — Colección: E. Poli.

122. *Valle Jequetepeque.* — Botella (miniatura) modelada de base plana y labio redondeado. Decoración por incisión en pasta semi-seca. Superficie pulida. Color gris oscuro. — Colección: César Rodríguez R.

123. *Valle Jequetepeque.* — Botella modelada de base plana y labio redondeado. Decoración por incisión superficial en pasta dura. Pasta granular. Superficie bruñida. Color gris. — Colección: César Rodríguez R.

124. *Valle Jequetepeque.* — Botella (miniatura) modelada de base plana y labio redondeado. Decoración por aplicaciones y punteado. Pasta granular. Superficie alisada y pulida. Color gris. — Colección: César Rodríguez R.

125. *Valle Jequetepeque.* — Botella (miniatura) modelada de base plana y labio redondeado (ligeramente reforzado). Forma compuesta. Superficie pulida. Pasta granular. Color gris. — Colección: César Rodríguez R.

126. *Valle Jequetepeque.* — Botella (miniatura) modelada de base plana. Decoración por incisión acanalada ancha y punteado. Pasta granular. Superficie pulida. Color gris. — Colección: César Rodríguez R.

127. *Valle Jequetepeque.* — Botella modelada de base semi-plana y labio redondeado. Decoración por incisión superficial acanalada y punteado oblicuo. Pasta granular. Superficie pulida. Color gris manchado. — Colección: César Rodríguez R.

128a.b. *Tembladera (Valle medio de Jequetepeque).* — Botella modelada a rotación, base plana, con reborde y labio redondeado. Decoración con incisiones acanaladas anchas. Pasta granular. Superficie pulida. Color marrón-oscuro. — Colección: Archivo Kcomt.

129a.b. *Cerro Boró (Valle Chancay).* — Botella modelada compuesta, de base plana y reborde inclinado. Representación escultórica de la cabeza de un personaje. Decoración complementaria mediante incisiones superficiales en pasta semi-seca formando líneas paralelas de distinta orientación. Pasta granular fina. Superficie alisada y pulida en el gollete. Color gris claro. — Colección: Giorgio Battistini.

130. *Valle Jequetepeque.* — Botella globular de base plana y reborde con labio aplanado. Decoración complementaria mediante aplicaciones e incisión gruesa. Color marrón oscuro a gris. Superficie pulida. — Colección: tomado de una foto César Rodríguez R.

131. *Valle Jequetepeque.* — Botella globular de base plana, reborde y labio aplanado. Representación de una cabeza mediante áreas depresionadas y aplicaciones. Color marrón. Superficie pulida. — Colección: tomado de una foto César Rodríguez R.

132. *Valle Jequetepeque.* — Botella (miniatura) modelada de base plana y labio redondeado. Decoración por incisión acanalada en pasta semi-seca. Pasta granular. Color gris. — Colección: César Rodríguez R.

133. *Valle Jequetepeque.* — Botella (miniatura) de base plana y labio redondeado. Decoración por incisión acanalada superficial y punteado. Pasta granular. Superficie pulida. Color gris claro.— Colección: César Rodríguez R.

134. *Valle Jequetepeque.* — Botella modelada a rotación, de base plana y reborde. Lleva aplicaciones e incisión superficial hemisférica. Superficie pulida. Pasta granular. Color rojo oscuro. — Colección: Oscar Rodríguez R.

135. *Valle Jequetepeque.* — Botella (miniatura) de base plana y labio redondeado. Decoración por incisión acanalada. Pasta granular. Superficie pulida. Color gris oscuro. — Colección: César Rodríguez R.

136. *Valle Jequetepeque.* — Botella (miniatura) modelada de base plana y labio aplanado. Decoración por incisión acanalada. Posible representación fitomorfa. Pasta granular. Superficie pulida. Color gris oscuro. — Colección: César Rodríguez R.

137a—c. *Valle Jequetepeque.* — Botella modelada de base semi-convexa y labio redondeado. Representa cabeza cadavérica asimétrica. Se emplean áreas depresionadas e incisión cortante en pasta húmeda. La superficie es parcialmente bruñida y alisado-áspera con pintura post-cocción roja. Pasta granular. Color marrón oscuro. En la parte superior lleva dos grupos de rombos concéntricos y en la parte posterior un diseño geométrico con líneas quebradas. — Colección: César Rodríguez R.

138a.b. *Chungal (Valle medio de Jequetepeque).* — Botella escultórica, labio redondeado, base plana. Representa personaje decorado con incisión cortante fina. El tatuaje facial alude falcónida. Al centro serpientes entrecruzadas. Pasta granular, superficie alisada y áspera delante y bien pulida en la parte posterior. Color marrón oscuro. Lleva pintura post-cocción roja y amarilla. — Colección: Archivo Kcomt (hoy colección Poli).

139. *Quindén (Valle medio de Jequetepeque).* — Botella modelada de base semi-plana y labio redondeado. Decorada con incisión cortante en pasta húmeda. Superficie general de color gris oscuro y bruñida, con áreas alisado-opacos donde lleva pintura post-cocción roja y amarilla. Pasta granular. En la parte posterior existen dos grupos de círculos concéntricos también decorados con pintura post-cocción (alternados). — Colección: Archivo Kcomt.

140a.b. *Tembladera (Valle medio de Jequetepeque).* — Botella globular achatada, base semi-plana. Decorada con incisiones cortantes en pasta húmeda y superficiales muy finas („peinado"). Sector de la boca ligeramente depresionado. Rombos concéntricos en la parte posterior. Pasta granular fina. Superficie alisada. Color gris oscuro. Lleva pintura post-cocción roja y amarilla en sectores. — Colección: Archivo Kcomt.

141a.b. *Quindén (Valle medio de Jequetepeque).* — Botella modelada de base ligeramente convexa y labio redondeado. Los diseños son mediante incisión superficial fina. Superficie pulida con estrías de bruñimiento. Color gris oscuro a negro. Pasta granular. — Colección: Archivo Kcomt.

142. *Valle Jequetepeque.* — Botella modelada escultórica representando una cabeza felínica. Decoración complementaria mediante incisión. Superficie alisada y pulida con aplicación de pintura post-cocción. — Colección: tomado de un dibujo, Archivo Kcomt.

143. *Quindén (Valle medio de Jequetepeque).* — Botella escultórica modelada de base plana y labio redondeado. Representa conjunto de frutos sobre una taza. Combina superficie alisado-áspera con bruñido fino. En la parte inferior incisión en pasta seca. Se observan restos de pintura roja post-cocción. Pasta granular fina. Color negro. — Colección: Archivo Kcomt.

144. *Valle Jequetepeque.* — Botella modelada de base plana y labio redondeado. Decoración por incisión superficial en pasta semi-seca. Pasta granular. Superficie pulida. Color gris oscuro. — Colección: César Rodríguez R.

145. *Valle Jequetepeque.* — Botella modelada de base semi-plana y labio redondeado. Diseños con incisión superficial sobre pasta semi-seca. Pasta granular. Color rojo oscuro a marrón. Superficie bruñida.

146. *Valle Jequetepeque.* — Parte de botella modelada se asa-estribo, de base plana, decorada con incisiones superficiales en pasta dura y banda bruñida. Superficie pulida. Pasta granular. Color gris. — Colección: Oscar Rodríguez R.

147. *Tembladera (Valle medio de Jequetepeque).* — Botella modelada base plana. Labio redondeado. Incisiones superficiales medianas formando diseño de apéndice bucal. Superficie pulida. Pasta granular. Color gris. — Colección: Archivo Kcomt.

148. *Valle Jequetepeque.* — Botella modelada de base plana y labio redondeado. Incisión superficial en pasta semi-seca y combinación de área alisado-opaca y bruñida (acorde al diseño). Pasta granular. Color gris. — Colección: Oscar Rodríguez R.

149. *Valle Jequetepeque.* — Botella modelada de base plana y labio redondeado. Decoración con incisión superficial en pasta semi-seca formando cabezas mitológicas. Pasta granular fina. Superficie pulida bruñida. Color gris oscuro. — Colección: César Rodríguez R.

150. *Valle Jequetepeque.* — Botella modelada de base plana y labio redondeado. Diseño angular mediante incisión superficial. Pasta granular. Color gris oscuro.— Colección: César Rodríguez R.

151. *Valle Jequetepeque.* — Botella de base plana y labio redondeado. Superficie pulido-opaca con una banda central de pintura blanca. Color marrón claro.— Colección: Oscar Rodríguez R.

152. *Chungal (Valle medio de Jequetepeque).* — Botella globular, base plana, labio ligeramente adelgazado. Incisiones superficiales irregulares. Areas alisadas y pulidas. Pasta granular. — Colección: Archivo Kcomt.

153. *Valle Jequetepeque.* — Botella modelada a rotación, de base plana y labio redondeado. Incisión superficial mediana en pasta semi-seca. Superficie pulida. Color gris oscuro. — Colección: Oscar Rodríguez R.

154. *Valle Jequetepeque.* — Botella modelada de base plana y labio redondeado. Incisión superficial en pasta semi-seca formando cuatro campos con diseños figurativos (cabezas). Pasta granular fina. Superficie pulida. Color gris oscuro. — Colección: Oscar Rodríguez R.

155. *Valle Jequetepeque.* — Botella modelada de base semi-plana y labio redondeado. Decoración por aplicaciones que sugieren la representación de un pulpo o estrella de mar. Color marrón oscuro. Superficie alisada y pulida. Pasta granular. — Colección: César Rodríguez R.

156. *Valle Jequetepeque.* — Botella modelada de base plana. Decoración con aplicaciones e impresión. Superficie alisado-áspera y bruñida (en áreas). Color marrón oscuro. — Colección: Oscar Rodríguez R.
157. *Valle Jequetepeque.* — Botella modelada de base plana y labio redondeado. Decoración mediante incisión superficial. Superficie alisada y bruñida alternativamente. Color gris. — Colección: Oscar Rodríguez R.
158. *Valle Jequetepeque.* — Botella modelada de base plana y labio redondeado. Incisión superficial fina. Pasta granular fina. Superficie bruñida. Color gris. — Colección: Oscar Rodríguez R.
159. *Valle Jequetepeque.* — Botella de asa-estribo y base plana. Incisiones superficiales acanaladas. Pasta granular fina. Superficie pulida y alisado-áspera en el diseño. Color gris oscuro. — Colección: Archivo Kcomt.
160. *Valle Jequetepeque.* — Botella modelada de base plana. Superficie bruñida. Color gris. Pasta granular fina. — Colección: Archivo Kcomt.
161. *Valle Jequetepeque.* — Botella globular de base plana y labio redondeado. Superficie pulida. Color gris. — Colección: Oscar Rodríguez R.
162. *Valle Jequetepeque.* — Botella modelada de base plana y labio redondeado. Decoración esquematizada sencilla mediante incisión superficial. Superficie pulida. Color beige. — Colección: Oscar Rodríguez R.
163. *Valle Jequetepeque.* — Botella modelada de base plana y labio redondeado. Superficie pulido-estriada. Color gris. — Colección: Oscar Rodríguez R.
164. *Valle Jequetepeque.* — Botella modelada de base plana. Decoración por incisión superficial en pasta húmeda. Superficie pulida. Pasta granular. Color gris. — Colección: Oscar Rodríguez R.
165. *Valle Jequetepeque.* — Botella modelada de base plana y labio redondeado. Incisión gruesa superficial y bandas bruñidas complementan la representación fitomorfa. En la parte superior destaca el pedúnculo. Pasta granular fina. Superficie alisada y bruñida. Color gris. — Colección: Oscar Rodríguez R.
166. *Valle Jequetepeque.* — Botella modelada de base plana. Incisión superficial en pasta semi-seca. Superficie pulida. Pasta granular. Color gris claro. — Colección: Oscar Rodríguez R.
167. *Valle Jequetepeque.* — Botella modelada de base semi-plana (gollete limado). Superficie pulida. Pasta granular fina. Color gris. — Colección: Oscar Rodríguez R.
168. *Valle Jequetepeque.* — Botella modelada de base plana y labio redondeado. Decoración mediante incisión en pasta húmeda. Superficie pulida (afectada por sales). Pasta granular. Color gris claro. — Colección: Oscar Rodríguez R.
169. *Valle Jequetepeque.* — Botella modelada de base semi-plana y labio redondeado. Decorada con incisión ancha superficial sobre excisiones y área marcadamente depresionada en la boca. Pasta granular fina. Superficie pulida. Color gris manchado. — Colección: César Rodríguez R.

170. *Valle Jequetepeque.* — Botella modelada, base plana y labio redondeado. Decorada con incisión acanalada. Pasta granular fina. Superficie bruñida. Color gris con manchas de cocción. — Colección: César Rodríguez R.

171a.b. *Pampa Larga (Valle medio de Jequetepeque).* — Botella escultórica modelada, base plana. Incisiones medianas en pasta semi-seca. Pasta granular. Superficie pulida. Color marrón oscuro. Representación naturalista de felino agazapado. — Colección: Archivo Kcomt.

172a.b. *Valle medio de Jequetepeque.* — Botella escultórica modelada de asa-estribo sagital, labio adelgazado, base convexa. Representa serpiente o pez felinizado, decorado con incisiones cortantes en pasta húmeda. Rostro asimétrico, con pico de falcónida sobre el lado izquierdo. Pasta granular, superficie alisada y pulida. Color marrón oscuro. Restos de pintura roja post-cocción. — Colección: Archivo Kcomt.

173a.b. *Valle Jequetepeque.* — Botella modelada de base semi-plana. Representa dos serpientes entrecruzadas con las cabezas en sentido opuesto, los cuerpos llevan distintos diseños en incisión superficial. Pasta granular. Superficie bruñida. Color gris oscuro manchado. — Colección: César Rodríguez R.

174a—c. *Caliza de Talambo (Valle bajo de Jequetepeque).* — Botella escultórica modelada, base plana y labio redondeado. Incisiones finas superficiales complementan la representación. Superficie pulida y bruñida. Pasta granular fina. Color gris claro. — Colección: Archivo Kcomt.

175. *Montegrande (Salitral) (Valle medio de Jequetepeque).* — Botella escultórica modelada, de base convexa y labio ligeramente aplanado. Decorada con aplicaciones e incisiones superficiales. La boca es claramente depresionada. Pasta granular fina. Superficie pulida. Color gris claro. — Colección: Archivo Kcomt (hoy en colección particular U.S.A., según Lapiner 1976, 51).

176. *Valle Zaña o Valle Jequetepeque.* — Botella modelada escultórica de base semi-plana y labio adelgazado. Representación de serpiente mitológica. Complementan la decoración incisiones superficiales en pasta dura formando círculos concéntricos y diseños acordonados con círculo central. Pasta granular fina. Superficie pulida. Color marrón. — Colección: E. Poli.

177a.b. *Valle Jequetepeque.* — Botella modelada de base plana y labio redondeado. El cuerpo lleva cuatro áreas depresionadas circulares e incisión superficial en pasta semi-seca. Color rojo (engobado). Pasta granular. — Colección: Archivo Kcomt.

178a.b. *Chungal (Valle medio de Jequetepeque).* — Botella modelada, asa-estribo semi-circular, labio redondeado, base plana. La representación se adecúa a 2 saurios (?) laterales, decorados con incisión en pasta semi-seca. Se notan aplicaciones y excisión. Pasta granular. Color marrón claro. Superficie pulida. — Colección: Archivo Kcomt.

179. *Valle Zaña o Valle Jequetepeque.* — Botella modelada escultórica con cabeza de serpiente. Complementan la representación incisiones superficiales en pasta semi-seca. Pasta granular fina. Superficie pulida. Color gris oscuro. — Colección: E. Poli.

180. *Valle Zaña o Valle Jequetepeque.* — Botella modelada escultórica de base plana y labio redondeado. Representación naturalista de un felino. Complementan el diseño incisiones anchas en pasta semi-seca formando círculos concéntricos con apéndices que dan la impresión de representaciones oculares. Pasta granular fina. Superficie pulida. Color gris. — Colección: E. Poli.

181a.b. *Valle Jequetepeque.* — Botella modelada compuesta de base plana. Representación escultórica de un felino sentado. Complementan la figura incisiones acanaladas y círculos concéntricos mediante incisión en pasta seca distribuídos sobre el cuerpo del animal. Pasta granular fina. Superficie pulida. Color gris claro. — Colección: Oscar Rodríguez R.

182a–d. *Valle Jequetepeque.* — Botella modelada compuesta de base irregular y labio redondeado. Representación escultórica de un felino. Complementan los detalles aplicaciones y diseños en círculos concéntricos en el cuerpo mediante incisiones anchas superficiales. Pasta granular fina. Superficie pulida. Color gris claro. — Colección: Oscar Rodríguez R.

183a.b. *Talambo (Valle bajo de Jequetepeque).* — Botella escultórica modelada, base plana, labio ligeramente aplanado. Decoración con incisión y punteado. Superficie alisada y bruñida en sectores. Pasta granular fina. Color gris oscuro. — Colección: Archivo Kcomt. La misma pieza aparece en Lapiner 1976, indicándose que se encuentra en el Munson-Williams-Proctor Institute, Utica (N. Y., U.S.A.).

184a.b. *Caliza de Talambo (Valle bajo de Jequetepeque).* — Fragmento de botella modelada de asa-estribo. Representa el tema „felino entre cactus". Pasta granular fina. Superficie bruñida. Color gris oscuro. — Colección: Archivo Kcomt.

185a.b. *Valle Jequetepeque.* — Botella modelada de base plana y labio redondeado (ligeramente reforzado). Representación realista de felino en un abrigo o cueva. A los lados hay escalones que rematan en una voluta y podrían indicar terrazas o elevaciones. Pasta granular fina. Superficie bruñida. Color gris. — Colección: César Rodríguez R.

186. *Chungal (Valle medio de Jequetepeque).* — Botella escultórica modelada de base plana. Fragmentada y pegada. Superficie escarificada. Color gris claro. — Colección: Archivo Kcomt.

187a.b. *Reservorio Limoncarro (Valle bajo de Jequetepeque).* — Botella modelada compuesta de asa-estribo, labio adelgazado, base irregular estable. Decoración por aplicaciones e incisiones superficiales acanaladas en pasta semi-seca. Pasta granular fina. Superficie pulida y áspera, asa bruñida. Color: marrón oscuro. — Colección: Archivo Kcomt.

188. *Valle Jequetepeque.* — Botella modelada-compuesta de asa-estribo, base semi-plana. Decoración por aplicaciones, incisión acanalada superficial y áreas bruñidas. Representación de Spondylus y Strombus. Superficie pulida. Color gris. — Colección: Archivo Kcomt.

189. *Valle Chancay (Pampa Grande).* — Botella modelada de base plana y labio redondeado. Representación escultórica de una concha Spondylus complementada con aplicaciones. Pasta granular fina. Superficie alisada y pulida. Color marrón claro. — Colección: Giorgio Battistini.

190a.b. *Valle Jequetepeque.* — Botella escultórica modelada (tubérculo), labio ligeramente adelgazado, base plana. Pasta granular fina. Superficie pulida. Color gris oscuro. — Colección: Archivo Kcomt.

191a—c. *Tembladera (Valle medio de Jequetepeque).* — Botella escultórica modelada de asa-escribo y base plana. Representa prisionero atado y con cortes en el rostro; tocado en forma de trenza anudada arriba. Decoración complementaria con incisiones finas y gruesas. Pasta granular. Superficie alisada y pulida. Color gris oscuro. — Colección: Archivo Kcomt (1973). Aparentemente se trata de la misma pieza que después aparece totalmente restaurada en Lapiner pág. 35.

192a.b. *Valle Jequetepeque.* — Botella modelada de base plana y labio redondeado. Representación de un tubérculo. Superficie bruñida. Pasta granular fina. Color gris oscuro. — Colección: Oscar Rodríguez R.

193. *Valle Jequetepeque o Valle Zaña.* — Botella modelada escultórica de base plana y labio redondeado, representando personaje sentado. Decoración complementaria mediante incisiones en pasta semi-seca. Pasta granular fina. Superficie pulida. Color gris. — Colección: E. Poli.

194a.b. *Pampa Larga (Valle medio de Jequetepeque).* — Botella escultórica modelada de base plana. Decoración por aplicaciones e incisión en pasta semi-seca. Superficie pulida. Color gris oscuro. Pasta granular. — Colección: Archivo Kcomt.

195a—c. *Pampa Larga (Valle medio de Jequetepeque).* — Cántaro escultórico modelado, labio redondeado, base irregular. Representa de forma realista un jorobado, el pie izquierdo detalla una deformación. Incisiones con pasta semi-seca complementan prendas. Pasta con inclusiones granulares. Superficie escasamente pulida. Color: marrón oscuro. — Colección: Archivo Kcomt.

196a.b. *Talambo (Valle bajo de Jequetepeque).* — Botella modelada de base plana y labio redondeado. Superficie pulida con líneas de bruñido. Pasta granular fina. Color gris oscuro. — Colección: Archivo Kcomt.

197. *Valle Jequetepeque.* — Botella modelada de base semi-plana y labio redondeado. Motivo antropomorfo escultórico. Pasta granular. Superficie con áreas alisado-ásperas y bruñidas. Color marrón oscuro. — Colección: foto M. Taboada.

198. *Valle Jequetepeque.* — Botella modelada de base plana y labio redondeado. Representación escultórica de un fruto. Pasta granular fina. Superficie pulida. Color gris oscuro. — Colección: Oscar Rodríguez R.

199. *Valle Jequetepeque.* — Botella modelada de base irregular y labio redondeado. Decorada con incisiones medianas en pasta semi-seca, sobre las cuales se terminó el bruñido superficial. En la parte céntrica superior aparece un hundimiento que representaría la depresión peduncular de la calabaza. Superficie pulida y bruñida. Pasta granular. Color gris oscuro. — Colección: Archivo Kcomt.

200a.b. *Valle Zaña.* — Botella modelada escultórica de base semi-plana. Pasta granular fina. Superficie pulida. Color gris. — Colección: Giorgio Battistini.

201. *Valle Zaña.* — Botella modelada escultórica de base semi-plana, pasta granular y probable representación fitomorfa. Superficie pulida. Color gris manchado. — Colección: Giorgio Battistini.

203. *Valle Jequetepeque.* — Botella modelada (fragmentada) de labio redondeado. Representación fitomorfa. Superficie alisada y pulida. Color gris manchado. Pasta granular. — Colección: César Rodríguez R.

204. *Valle Zaña.* — Botella modelada de base plana y labio redondeado. Decoración mediante aplicación de grumos de arcilla y áreas depresionadas. Pasta granular fina. Superficie alisada y pulida. Lleva pintura pre-cocción crema sobre la base general de color rojo oscuro. — Colección: Giorgio Battistini.

205a—c. *Cerro Boró (Valle Chancay).* — Botella modelada compuesta de base plana y labio redondeado. Representación escultórica de un mono en actitud de comer. Superficie pulida con estrías de bruñimiento. Pasta granular fina. Color gris oscuro. — Colección: Giorgio Battistini.

206. *Chungal (Valle medio de Jequetepeque).* — Botella escultórica modelada y compuesta. Base irregular. Representa serpiente bicéfala sobre 3 frutos. Se recurrió a la excisión e incisión superficial. Pasta granular. Superficie pulida y bruñida. Color gris oscuro. — Colección: Archivo Kcomt.

207a.b. *Valle Jequetepeque.* — Botella modelada compuesta de base convexa y labio redondeado. Representación escultórica de dos aves unidas por el cuerpo y el asa. Los detalles se complementan mediante aplicaciones e incisión superficial ancha. Pasta granular fina. Superficie pulida con línea de bruñimiento. Color gris oscuro. — Colección: Oscar Rodríguez R.

208. *Valle Jequetepeque.* — Botella modelada de base plana y borde adelgazado. Representación escultórica de una concha Spondylus, complementada con aplicaciones. Pasta granular fina. Superficie alisada y pulida. Color rojo. El cuerpo lleva pintura pre-cocción blanca. — Colección: César Rodríguez R.

209. *Valle Jequetepeque.* — Botella modelada compuesta de base convexa, labio redondeado, decorada con incisión superficial. Representación fitomorfa. Pasta granular fina. Superficie alisada y pulida. Color gris. — Colección: César Rodríguez R.

210. *Valle Jequetepeque.* — Botella modelada compuesta de labio redondeado. Representación escultórica fitomorfa. Incisiones superficiales y pintura blanca pre-cocción. Superficie bruñida. Color general rojo. Pasta granular fina. — Colección: Oscar Rodríguez R.

211. *Valle Jequetepeque.* — Botella modelada escultórica representando dos frutos. Lleva borde ensanchado y labio redondeado. Pasta granular fina. Superficie pulida. Color gris. — Colección: César Rodríguez R.
212. *Valle Jequetepeque.* — Botella modelada compuesta de labio redondeado. Representación escultórica fitomorfa. Superficie bruñida. Color gris oscuro. — Colección: Oscar Rodríguez R.
213. *Pampa Larga (Valle medio de Jequetepeque).* — Botella modelada compuesta, base plana. Decorada con aplicaciones e impresiones. Pasta granular. Superficie alisada y pulida. Color gris claro. — Colección: Archivo Kcomt.
214a—c. *Caliza de Talambo (Valle bajo de Jequetepeque).* — Botella escultórica, labio redondeado, base plana. Opcionalmente se recurrió a excisiones. Incisiones finas en pasta semi-seca. Pasta granular fina. Superficie pulida y bruñida. Color gris claro. — Colección: Archivo Kcomt.
215a.b. *Valle Jequetepeque.* — Botella modelada, base plana y labio redondeado (ligeramente reforzado). Representación de Spondylus y Strombus. Pasta granular fina. Superficie bruñida. Color gris manchado. — Colección: César Rodríguez R.
216a.b. *Valle Jequetepeque.* — Botella escultórica modelada, base plana y labio ligeramente adelgazado. Representa 2 moluscos. En la parte superior izquierda existen diseños en incisión fina (inidentificables). Superficie pulida y bruñida. Color gris claro. — Colección: Archivo Kcomt.
217a.b. *Valle Jequetepeque.* — Botella modelada compuesta de base plana y labio redondeado. Representación escultórica de dos personajes sentados. En la parte superior del cuerpo lleva diseños mitológicos mediante incisión superficial en pasta seca. Superficie pulida. Pasta granular fina. Color marrón oscuro a gris. — Colección: César Rodríguez R.
218a.b. *Valle Jequetepeque.* — Botella modelada de base plana y labio redondeado. Decoración en el cuerpo mediante incisión en pasta seca formando cabezas mitológicas esquematizadas. En el ángulo del asa-estribo lleva una cabeza modelada de venado. Color gris. Superficie pulida. — Colección: César Rodríguez R.
219a.b. *Valle Jequetepeque.* — Botella modelada de base irregular y borde redondeado. Decoración por incisión superficial. Representación fitomorfa. Pasta granular. Superficie bruñida. Color gris manchado. — Colección: César Rodríguez R.
220. *Chungal (Valle medio de Jequetepeque).* — Botella escultórica modelada de asa-estribo, base convexa. Representa una pierna amputada. Decoración por incisión acanalada superficial. Pasta granular fina. Superficie pulida. Color gris manchado. — Colección: Archivo Kcomt.
221a.b. *Valle Zaña.* — Botella modelada compuesta de base plana y labio redondeado. Representación escultórica de una cactácea. Decoración mediante incisión en pasta dura formando diseños mitológicos. Pasta granular fina. Superficie pulida. Color gris. — Colección: Giorgio Battistini.

222a.b. *Valle Zaña.* — Botella modelada compuesta de base plano-irregular y labio redondeado. Decoración mediante incisión en pasta seca formando cabezas esquematizadas. Pasta granular fina. Superficie pulida. Color beige claro. — Colección: Giorgio Battistini.

223a.b. *Caliza de Talambo (Valle bajo de Jequetepeque).* — Botella modelada, base semi-plana, labio ligeramente adelgazado. Incisión superficial. Pasta granular fina. Superficie pulida y bruñida. Color gris claro. — Colección: Archivo Kcomt.

224. *Valle Jequetepeque.* — Botella modelada de base semi-plana irregular y labio ligeramente aplanado. Cuerpo compuesto por paneles relievados y representación peduncular en la parte superior. Diseños en incisión superficial sobre pasta seca. Superficie bruñida. Pasta granular fina. Color negro. — Colección: Oscar Rodríguez R.

225a.b. *Valle Jequetepeque.* — Botella modelada compuesta de base irregular y labio redondeado. Posible representación fitomorfa. Diseños esquemáticos mediante incisión en pasta seca. Superficie pulida. Pasta granular. Color gris oscuro. — Colección: Oscar Rodríguez R.

226. *Valle Zaña.* — Botella modelada escultórica de base semi-plana y labio redondeado. Pasta granular fina. Color gris. — Colección: Giorgio Battistini.

227a.b. *Valle Zaña.* — Botella modelada compuesta de base plano-irregular y labio redondeado. Decoración simple mediante incisión en pasta seca. Superficie bruñida. Pasta granular fina. Color gris oscuro. — Colección: Giorgio Battistini.

228a.b. *Valle Jequetepeque.* — Botella modelada de base plana y labio redondeado. Decoración por incisión superficial en pasta húmeda. Superficie general pulida y área del diseño alisado-áspera. Pasta granular fina. Color gris. — Colección: Oscar Rodríguez R.

229a.b. *Valle Jequetepeque.* — Botella modelada de base plana y labio redondeado. Decorada con incisión acanalada y áreas del diseño carentes de bruñido. Pasta granular fina, superficie bruñida. Color gris oscuro a negro. — Colección: César Rodríguez R.

230a.b. *Valle Jequetepeque.* — Botella modelada de base plana, borde ensanchado y labio redondeado. Decoración mediante incisión superficial fina en pasta semi-seca con diseños de cabezas mitológicas. Pasta granular fina. Superficie pulida. Color gris. — Colección: Oscar Rodríguez R.

231a.b. *Valle Zaña.* — Botella modelada de base plana y labio redondeado. Decoración mediante incisión en pasta seca formando diseños mitológicos esquematizados. Pasta granular fina. Superficie pulida. Color marrón. — Colección: Giorgio Battistini.

232. *Valle Jequetepeque.* — Botella modelada, base semi-plana y labio redondeado. Decoración por incisión superficial. Pasta granular fina. Superficie bruñida. Color gris oscuro con manchas de cocción. — Colección: César Rodríguez R.

233a.b. *Valle Zaña.* — Botella modelada compuesta, base plana y labio redondeado. Decoración mediante incisiones cortantes superficiales formando diseños de círculos concéntricos y líneas paralelas. Pasta granular fina. Superficie pulida. Color marrón. — Colección: Giorgio Battistini.

234. *Chongoyape (Valle Chancay).* — Botella modelada de base plana y labio redondeado. Decoración mediante incisión gruesa formando diseños de círculos concéntricos continuos. Superficie pulida. Color marrón oscuros a gris. — Colección: Concejo Municipal de Chongoyape.

235. *Valle Jequetepeque.* — Botella modelada a rotación, base plana y labio redondeado. Decoración con incisión superficial. El diseño es alisado-áspero y el área restante bruñida. Pasta granular. Color gris oscuro manchado. — Colección: César Rodríguez R.

236. *Cerro Boró (Valle Chancay).* — Botella modelada de forma compuesta, base plana y labio redondeado. Decoración mediante incisión acanalada superficial formando diseños de aves esquematizadas. Superficie pulida. Pasta granular fina. Color gris oscuro. — Colección: Giorgio Battistini.

237a.b. *Valle Zaña.* — Botella modelada de base plana y labio redondeado ligeramente reforzado. Decoración mediante incisión superficial en pasta dura formando diseños angulares. Pasta granular fina. Superficie alisada y pulida. Color beige. — Colección: Giorgio Battistini.

238. *El Mosquito (Valle medio de Jequetepeque).* — Botella modelada compuesta, labio aplanado, base semi-plana. Decorada con aplicación e incisiones superficiales en pasta semi-seca. Pasta granular. Superficie pulida y bruñida. Color gris oscuro. — Colección: Archivo Kcomt.

239. *Tolón (Valle bajo de Jequetepeque).* — Botella compuesta de base plana y labio redondeado. Lleva incisiones superficiales irregulares en pasta dura. Pasta granular fina, superficie pulida y bruñida. Color gris oscuro. — Colección: Archivo Kcomt.

240. *Valle Jequetepeque.* — Botella de forma compuesta, base plana y labio redondeado. Incisión superficial fina en pasta dura. Superficie bruñida. Color gris oscuro. — Colección: Oscar Rodríguez R.

241a.b. *Valle Jequetepeque.* — Botella modelada de base plana y labio aplanado. Decoración por incisión acanalada superficial. Pasta granular fina. Color gris oscuro a negro. — Colección: César Rodríguez R.

242a.b. *Chungal (Valle medio de Jequetepeque).* — Cuerpo de botella modelada de asa-estribo, base semi-plana. Forma de fruto o atado. Decoración con incisión superficial irregular (4 bocas esquematizadas opuestas y 10 círculos concéntricos). Superficie pulida. Color gris claro. — Colección: Archivo Kcomt.

Comentario de las figuras / Abbildungserklärung

243. *Caliza de Talambo (Valle bajo de Jequetepeque).* — Botella modelada compuesta de base plana y labio redondeado. Lleva 4 caras con incisiones regulares superficiales y finas. Superficie pulida y bruñida. Pasta granular fina. Color gris. — Colección: Archivo Kcomt.

244a—c. *Quindén (Valle medio de Jequetepeque).* — Botella modelada compuesta, asa-estribo angular, labio redondeado, base plana. Incisiones superficiales finas en pasta semi-seca. Pasta granular fina. Superficie pulida. Color marrón oscuro a gris. Representa personaje sentado con cántaro y cucharón. — Colección: Archivo Kcomt. La misma pieza aparece en Lapiner 1976, 36.

245a.b. *Valle Jequetepeque.* — Botella modelada compuesta de base plana y labio redondeado. Decoración complementaria mediante incisión en pasta húmeda. Superficie pulida. Pasta granular. Color gris oscuro. — Colección: Oscar Rodríguez R.

246. *Valle Zaña o Valle Jequetepeque.* — Botella modelada escultórica compuesta de base plana y labio aplanado. Representación ornitomorfa, dos aves unidas por el asa. Complementan los detalles incisiones superficiales en pasta semi-seca. Pasta granular fina. Color gris oscuro. — Colección: E. Poli.

247a—c. *Cerro Boró (Valle Chancay).* — Botella modelada compuesta de base plana y labio redondeado con representación escultórica simple de un ave. Decoración mediante incisión en pasta seca formando dos diseños mitológicos laterales. Pasta granular fina. Superficie pulida. Color gris oscuro. — Colección: Giorgio Battistini.

248. *Valle Zaña o Valle Jequetepeque.* — Botella modelada escultórica compuesta, base plana y labio redondeado. Decoración mediante aplicaciones, excisión calada e incisión superficial en pasta semi-seca formando diseños mitológicos. Superficie pulida. Pasta granular fina. Color marrón. — Colección: E. Poli.

249a.b. *Valle Zaña.* — Botella modelada de base plana y labio redondeado. Decoración mediante incisión en pasta semi-seca formando diseños mitológicos esquemáticos. Pasta granular fina. Superficie pulida. Color gris. — Colección: Giorgio Battistini.

250. *Valle Jequetepeque.* — Botella modelada compuesta, base plana y labio redondeado. Decoración complementaria por incisiones acanaladas. Pasta granular fina, superficie pulida. Color gris oscuro. — Colección: Archivo Kcomt.

251a.b. *Pampa Larga (Valle medio de Jequetepeque).* — Botella escultórica (cazador con venado) de base plana y labio ligeramente adelgazado. Incisiones fuertes en pasta semi-seca. Combinación de áreas alisadas y sectores bruñidos. Pasta granular fina. Color gris claro. — Colección: Archivo Kcomt.

252. *Valle Zaña o Valle Jequetepeque.* — Botella modelada escultórica representando un personaje anciano y jorobado con las manos atadas hacia atrás. Complementan la representación incisiones en pasta semi-seca y aplicaciones. Pasta granular fina. Superficie pulida. Color gris. — Colección: E. Poli.

253. *Valle Jequetepeque.* — Fragmento de botella modelada de asa-estribo transversal. Representa personaje mitológico de rostro asimétrico. Pasta granular fina. Superficie pulida. Color gris claro. — Colección: César Rodríguez R.

254. *Caliza de Talambo (Valle bajo de Jequetepeque).* — Botella escultórica modelada representando un loro, base plana, labio ligeramente adelgazado. Incisiones superficiales en pasta semi-seca. Pasta granular fina. Superficie pulida y bruñida. Color gris claro. — Colección: Archivo Kcomt; hoy en colección E. Gutiérrez (Puerto Rico), según Lapiner 1976, 49.

255. *Valle Zaña o Valle Jequetepeque.* — Botella modelada escultórica compuesta de labio plano y ligeramente reforzado. Representación de un aro con cuatro cabezas, dos de las cuales aparecen unidas por el asa. Pasta granular fina. Superficie pulida. Color gris. — Colección: E. Poli.

256a.b. *Valle Jequetepeque.* — Botella modelada compuesta de base plana y labio redondeado. Representación naturalista de dos roedores. Pasta granular fina. Superficie pulida. Color gris oscuro. — Colección: César Rodríguez R.

257. *Valle Jequetepeque.* — Botella modelada compuesta, de base convexa doble y labio redondeado. En la parte superior y lateral de los dos cuerpos cilíndricos lleva líneas incisas superficiales acanaladas. Pasta granular fina. Superficie pulida. Color negro. — Colección: Oscar Rodríguez R.

258. *Valle Jequetepeque.* — Botella modelada compuesta de base plana doble y labio redondeado. Superficie pulida. Pasta granular fina. Color gris oscuro a negro. — Colección: Oscar Rodríguez R.

259. *Valle Jequetepeque.* — Botella modelada compuesta de base plana y labio redondeado. Lleva incisiones superficiales y combinación de áreas brunidas y alisadas. Representación realista de dos tipos de moluscos usuales en la iconografía formativa. Pasta granular fina. Superficie general alisada y bruñida. — Colección: L. Monteverde (Trujillo).

260a.b. *Tembladera (Valle medio de Jequetepeque).* — Botella globular, base plana, labio redondeado. Incisiones acanaladas en pasta semi-seca. Diseño en un solo lado de la vasija. Pasta granular fina. Superficie pulida y bruñida. Color gris oscuro. — Colección: Archivo Kcomt.

261. *Valle Jequetepeque.* — Botella modelada de base semi-plana y labio ligeramente aplanado. Superficie bruñida. Pasta granular fina. Color gris. — Colección: Archivo Kcomt.

262a–d. *Tolón (Valle bajo de Jequetepeque).* — Botella globular de base semi-plana, decorada con aplicación (torcido) e incisiones anchas y superficiales en pasta semi-seca. Diseños felínicos abigarrados. Superficie alisada y pulida en sectores. Pasta granular fina. Color gris claro. — Colección: Archivo Kcomt.

263. *Valle Jequetepeque.* — Botella modelada de base semi-plana y labio aplanado. Pasta granular fina. Superficie bruñida. Color gris. — Colección: Oscar Rodríguez R.

264. *Cerro Boró (Valle de Chancay).* — Botella modelada de base plana, borde evertido y labio redondeado. Pasta granular fina. Superficie pulida con líneas de bruñimiento. Color gris. — Colección: Giorgio Battistini.

265. *Tembladera (Valle medio de Jequetepeque).* — Botella escultórica modelada y compuesta, base plana, labio aplanado. Incisiones superficiales en pasta semi-seca. Superficie pulida y bruñida. Color gris claro. — Colección: Archivo Kcomt.

266a.b. *Montegrande (Valle medio de Jequetepeque).* — Botella modelada compuesta de base plana y labio redondeado. Incisiones superficiales acanaladas y finas separan diseños en blanco sobre engobe rojo. La cara lleva color morado pre-cocción. Superficie bruñida. — Colección: Archivo Kcomt.

267. *Chungal (Valle medio de Jequetepeque).* — Botella modelada de base semi-plana. Decoración con incisiones superficiales irregulares que separan sectores de diseños dejados en el color rojo de fondo; el área restante fue pintada en negro. Superficie pulida. Pasta granular. — Colección: Archivo Kcomt.

268a.b. *Valle Jequetepeque.* — Botella modelada y compuesta, de base plana y labio redondeado. Decoración con incisión superficial. Pasta granular. Superficie pulida. Color gris claro manchado. — Colección: César Rodríguez R.

269. *Pampa Larga (Valle medio de Jequetepeque).* — Botella modelada compuesta de base semi-plana. Lleva aplicación e incisiones superficiales. Superficie pulida de color rojo, con aplicación de grafito en algunos sectores. Pasta granular. — Colección: Archivo Kcomt.

270. *Valle Jequetepeque.* — Botella modelada de base plana y labio redondeado. Diseños dentados y círculos concéntricos en incisión superficial acanalada, con pintura pre-cocción blanca. Pasta granular. Color rojo. — Colección: César Rodríguez R.

271. *Valle Jequetepeque.* — Fragmento de botella escultórica con representación felínica. Pasta granular fina. Superficie engobada en rojo y bruñida, con aplicación de pintura pre-cocción morada oscuro en el sector que forma la boca. — Colección: Oscar Rodríguez R.

272. *Quindén (Valle medio de Jequetepeque).* — Botella modelada compuesta de base semi-plana y labio redondeado. Incisiones anchas en pasta semi-seca separan secciones con negro grafitado (pre-cocción) sobre engobe rojo. Pasta granular. Superficie bruñida. Representa cabeza felínica coronada de serpientes. — Colección: Archivo Kcomt.

273a—c. *Valle Jequetepeque.* — Botella modelada de base plana, decorada mediante incisiones superficiales acanaladas. La totalidad de la superficie lleva pintura blanca pre-cocción (pulida), reservándose el color rojo anaranjado de fondo para el asa y cara. Pasta granular fina. Superficie pulida y bruñida. — Colección: Archivo Kcomt.

274. *Valle Jequetepeque.* — Botella modelada, base semi-plana. Labio redondeado. Incisiones superficiales separan diseño pintado en negro violáceo pre-cocción del fondo color rojo (engobe). Pasta granular fina. Superficie pulida y bruñida. — Colección: Archivo Kcomt.

275. *Saltur (Valle Chancay).* — Botella modelada de base plana y labio redondeado. Decoración mediante incisión superficial fina formando dieseños esquemáticos. Superficie general engobada rojo con áreas de diseño en negro pre-cocción. Pasta granular fina. — Colección: Giorgio Battistini.

276. *Valle Jequetepeque.* — Botella globular de base plana y labio redondeado. Decoración mediante incisión superficial fina formando diseño mitológico volutiforme coloreado en negro sobre el fondo rojizo de la vasija. Superficie pulida. — Colección: Oscar Rodríguez R.

277a.b. *Valle Jequetepeque.* — Botella modelada a rotación, base semi-plana. Labio redondeado. Incisiones superficiales acanaladas separan áreas de diseños coloreados con pintura pre-cocción negra y anaranjada. Pasta granular fina de color rojo. Superficie pulida y bruñida. — Colección: Archivo Kcomt.

278. *Saltur (Valle Chancay).* — Botella modelada de base plana y labio redondeado. Cuerpo globular lleva dos áreas aplanadas. Decoración mediante incisión superficial formando diseños mitológicos esquemáticos volutiformes. Lleva engobe general color rojo y pintura pre-cocción negra en las áreas del diseño. Pasta granular fina. — Colección: Giorgio Battistini.

279a.b. *Saltur (Valle Chancay).* — Botella modelada compuesta de base plana con aplicación sencilla representando la cabeza de un ave. Decoración mediante incisión superficial en diseño esquemático volutiforme. Superficie general engobada en rojo con áreas de diseño mediante pintura pre-cocción negra. Pasta granular fina. — Colección: Giorgio Battistini.

280a—c. *Chungal (Valle medio de Jequetepeque).* — Botella escultórica de base plana. Decoración con incisiones superficiales finas que separan áreas pintadas con negro pre-cocción sobre fondo rojo. Pasta granular. Superficie pulida y bruñida. — Colección: Archivo Kcomt.

281a.b. *Reservorio de Limoncarro (Valle bajo de Jequetepeque).* — Botella escultórica modelada de base plana y labio redondeado. Representación realista de un mono, decorado con incisiones en pasta semi-seca que separan pintura pre-cocción negra puesta sobre el engobe rojo general. Superficie bruñida. Pasta granular fina. — Colección: Archivo Kcomt.

282. *Valle Jequetepeque.* — Botella modelada compuesta de tres cuerpos unidos por un asa triple. Aparente representación fitomorfa. Diseños mediante incisiones superficiales. Pasta granular fina. Superficie pulida. Color marrón, los diseños llevan pintura marrón oscuro pre-cocción. —Colección: Oscar Rodríguez R.

283. *Quindén (Valle medio de Jequetepeque).* — Botella modelada de base semi-plana y labio redondeado. Decorada con incisión superficial en pasta semi-seca que separa diseños en negro pre-cocción (grafitado) del engobe rojo. Superficie bruñida. Pasta granular fina. — Colección: Archivo Kcomt.

284a.b. *Saltur (Valle Chancay).* — Botella modelada compuesta de base plana y labio redondeado. Representación escultórica simple de la cabeza de un ave. Decoración mediante incisión superficial formando diseños mitológicos esquemáticos volutiformes. Superficie general engobada en rojo, llevando pintura pre-cocción negra en las áreas del diseño. Pasta granular fina. Superficie pulida. — Colección: Giorgio Battistini.

285a—c. *Valle Jequetepeque.* — Botella modelada compuesta de base plana y labio redondeado. Representación de un personaje, complementan el diseño incisiones superficiales en pasta semi-seca y pintura pre-cocción de color negro; en las áreas del diseño, sobre fondo rojo. En la parte superior del cuerpo diseños de cabezas esquematizadas. Pasta granular fina. Superficie pulida. — Colección: Oscar Rodríguez R.

286. *Valle Zaña o Valle Jequetepeque.* — Botella modelada escultórica representando un felino. Decoración mediante incisión superficial formando diseños esquemáticos volutiformes. Pasta granular fina. Superficie general engobada en marrón con diseños en color negro pre-cocción. — Colección: E. Poli.

287. *Valle Jequetepeque.* — Botella modelada de base plana y reborde. Incisiones acanaladas superficiales en pasta dura. Superficie bruñida. Pasta granular fina. Color gris oscuro. — Colección: Oscar Rodríguez R.

288a.b. *Valle Zaña.* — Botella modelada de base plana y reborde ligeramente redondeado. Decoración mediante incisión acanalada ancha pulida, con representación mitológica. Pasta granular fina. Superficie pulida. Color gris claro. — Colección: Giorgio Battistini.

289. *Valle Jequetepeque o Valle Zaña.* — Botella modelada escultórica de base semi-plana y labio ligeramente aplanado y reforzado. Representa un venado reclinado. Complementan el diseño incisiones en pasta semi-seca. Superficie pulida y bruñida. Pasta granular fina. Color caramelo-rojizo. — Colección: E. Poli.

290. *Chungal (Valle medio de Jequetepeque).* — Botella modelada, base plana y reborde biselado. Decoración por incisión superficial acanalada. Pasta granular fina. Superficie bruñida. Color gris oscuro. — Colección: Archivo Kcomt.

291. *Valle Jequetepeque.* — Botella modelada, base plana, borde ligeramente evertido y reforzado, labio aplanado. Diseño felínico en incisión superficial acanalada. Pasta granular fina. Superficie pulida. Color gris. — Colección: Archivo Kcomt.

292. *Valle Jequetepeque.* — Botella modelada a rotación, base plana y reborde. Incisión superficial en pasta semi-seca. Pasta granular fina. Superficie bruñida. Color gris oscuro. — Colección: César Rodríguez R.

293. *Valle Jequetepeque*. — Botella modelada de base plana y reborde. Diseño mitológico mediante incisión acanalada ancha pulida. Pasta granular fina. Color gris claro. — Colección: Archivo Kcomt.

294. *Valle Jequetepeque*. — Botella modelada de base plana y labio redondeado. Decoración mediante incisión en pasta seca. Diseños mitológicos y reticulados. Pasta granular fina. Superficie pulida. Color gris oscuro. — Colección: César Rodríguez R.

295. *Valle Jequetepeque*. — Botella modelada de base plana y reborde. Superficie bruñida. Pasta granular fina. Color gris. — Colección: Oscar Rodríguez R.

296. *Valle Jequetepeque*. — Botella modelada de base plana y reborde. Incisión acanalada ancha de dudosa autenticidad. Superficie bruñida. Pasta granular fina. Color gris oscuro. — Colección: Oscar Rodríguez R.

297. *Valle Jequetepeque*. — Botella modelada de base plana y reborde biselado. Pasta granular fina. Superficie pulida. Color gris oscuro. — Colección: Oscar Rodríguez R.

298. *Valle Jequetepeque*. — Botella modelada de base plana y reborde. Superficie bruñida. Color gris oscuro. Pasta granular fina. — Colección: Oscar Rodríguez R.

299. *Faclo (Valle bajo de Jequetepeque)*. — Botella modelada, base plana y reborde biselado. Decoración en relieve aplicado, representa patas de felino. Punteado con instrumento dentado. Superficie alisada y bruñida. Color gris oscuro. — Colección: Archivo Kcomt.

300a. *Chungal (Valle medio de Jequetepeque)*. — Botella modelada, base plana y reborde biselado. Decoración aplicada y "mecido". Los círculos del cuerpo y asa son ligeramente depresionados por excisión. Pasta granular fina. Superficie bruñida. Color gris claro. — Colección: Archivo Kcomt.

301. *Faclo (Valle bajo de Jequetepeque)*. — Botella modelada, base plana y reborde biselado. Decoración aplicada. Superficie bruñida. Color gris oscuro. Pasta granular fina. — Colección: Archivo Kcomt.

302. *Valle Zaña o Valle Jequetepeque*. — Botella modelada de base plana y reborde. Decoración mediante aplicaciones formando diseños mitológicos relievados y punteado con instrumento dentado. Pasta granular. Superficie alisada y pulida. Color marrón. — Colección: E. Poli.

303a.b. *El Gallito (Valle medio de Jequetepeque)*. — Botella modelada, base plana y reborde biselado. Decoración aplicada representando frutos o semillas e incisiones finas superficiales (peinado). Pasta granular fina. Superficie alisada y bruñida. Color marrón oscuro. — Colección: Archivo Kcomt.

304. *Valle Zaña o Valle Jequetepeque*. — Botella modelada de base plana y reborde. Decoración mediante aplicaciones punteadas, tiras aplicadas e incisión acanalada ancha pulida. Superficie alisada y pulida. Color marrón oscuro. — Colección: E. Poli.

305a.b. *Valle bajo (zona litoral de Jequetepeque).* — Botella modelada de base plana y reborde. Tiras aplicadas de sección triangular, con impresiones cortantes en pasta húmeda. Color gris. Pasta granular fina. — Colección: Archivo Kcomt.

306a—c. *Valle bajo (zona litoral de Jequetepeque).* — Botella modelada de base plana y reborde. Representación de 2 pares de frutos de pacae, mediante aplicaciones, incisión acanalada ancha y peinado. Representación pupilar en el asa. Pasta granular fina. Superficie alisada y bruñida. Color gris oscuro. — Colección: Archivo Kcomt.

307a—c. *Valle Jequetepeque.* — Botella modelada de base semi-plana y reborde. Decoración por aplicaciones y punteado arrastrado. Pasta granular fina. Superficie alisada y bruñida. Color gris oscuro. Representación fitomorfa. — Colección: César Rodríguez R.

308a.b. *Valle Jequetepeque.* — Botella modelada de base plana y reborde. Pasta granular fina. Color gris. Superficie alisada y bruñida. — Colección: César Rodríguez R.

309. *Valle bajo (zona litoral de Jequetepeque).* — Botella modelada de base plana y reborde. Decoración por aplicaciones con impresión, peinado, incisión acanalada e impresiones finas con instrumento dentado (en algunos casos mecido). Superficie alisada con secciones bruñidas. Pasta granular fina. Color gris oscuro. — Colección: Archivo Kcomt.

310. *Chungal (Valle medio de Jequetepeque).* — Botella modelada, base plana y reborde biselado. Decorada con aplicaciones e incisiones finas (peinado). Pasta granular fina. Superficie alisada y pulida. Color gris oscuro. — Colección: Archivo Kcomt.

311. *Valle bajo (zona litoral de Jequetepeque).* — Botella modelada de base plana y reborde. Decoración por aplicaciones con impresión, incisión acanalada ancha y peinado. Superficie alisada y bruñida. Pasta granular fina. Color gris. — Colección: Archivo Kcomt.

312. *Valle Jequetepeque.* — Botella modelada de base plana y reborde. Decoración por aplicaciones e incisiones en peinado grueso. Pasta granular fina. Superficie alisada y bruñida alternativamente. Color gris oscuro. — Colección: Archivo Kcomt.

313. *Valle Jequetepeque.* — Botella modelada de base plana y reborde. Decoración mediante incisión pulida y punteado oblicuo. Superficie alisada y bruñida. Pasta granular fina. Color negro. — Colección: Oscar Rodríguez R.

314. *Reservorio de Limoncarro (Valle bajo de Jequetepeque).* — Botella modelada. Decoración por aplicaciones imbricadas y peinadas, base plana, borde biselado. Pasta granular fina. Superficie alisada y bruñida. Color gris oscuro. — Colección: Archivo Kcomt.

315. *Valle Jequetepeque.* — Botella modelada de base plana y reborde. Decoración mediante aplicaciones cónicas cortas. Pasta granular fina. Superficie alisada y pulida. Color gris oscuro. — Colección: Archivo Kcomt.

316. *Valle Zaña o Valle Jequetepeque.* — Botella modelada de base plana y reborde. Decoración mediante aplicaciones en pastillaje e incisión. Pasta granular fina. Superficie alisada y pulida. Color gris oscuro. — Colección: E. Poli.

317. *Talambo (Valle bajo de Jequetepeque).* — Botella modelada, base plana y reborde. Decoración por aplicaciones e incisiones anchas en pasta húmeda. Superficie alisada y bruñida. Pasta granular fina. — Colección: E. Poli.

318. *Pampa Larga (Valle medio de Jequetepeque).* — Botella modelada, base plana y reborde biselado. Decoración por aplicaciones y peinado por incisiones cortantes. Pasta granular fina. Superficie alisada y bruñida. Color gris claro. — Colección: Archivo Kcomt.

319. *Valle Jequetepeque.* — Botella modelada, base plana, reborde biselado. Decoración por aplicado y "peinado" fino. Pasta granular. Superficie alisada. Color gris oscuro. — Colección: Archivo Kcomt.

320. *Faclo (Valle bajo de Jequetepeque).* — Botella modelada compuesta, base semiplana y reborde biselado. Decoración por aplicaciones y peinado. Pasta granular fina. Superficie alisada y bruñida en sectores. Color gris oscuro. — Colección: Archivo Kcomt.

321. *Valle Jequetepeque.* — Botella modelada de base plana y reborde. Decoración por aplicaciones e impresiones regulares con instrumento dentado. Superficie alisada y bruñida. Pasta granular fina. Color gris. — Colección: Archivo Kcomt.

322. *Valle bajo (zona litoral de Jequetepeque).* — Botella modelada de base plana y reborde. Decoración por aplicaciones e impresiones con instrumento dentado. Superficie alisada y bruñida. Pasta granular fina. Color gris. — Colección: Archivo Kcomt.

323a.b. *Valle Jequetepeque.* — Botella modelada compuesta de base plana y reborde. Decoración por aplicaciones impresas e incisión sobre pasta dura formando diseños volutiformes en paneles reticulados. Superficie pulida. Pasta granular fina. Color gris. — Colección: César Rodríguez R.

324. *El Pongo (Valle alto de Jequetepeque).* — Botella modelada compuesta, base plana y reborde biselado. Decorada con incisión acanalada en pasta semi-seca. Pasta granular. Superficie pulida. Color gris oscuro. — Colección: Archivo Kcomt.

325. *Valle Jequetepeque.* — Botella modelada, asa-estribo de proporción inusual. Sección superior del cuerpo sobrepuesta, indicando sistema de confección. Pasta granular. Superficie alisada y poco pulida. Color gris claro. — Colección: Archivo Kcomt.

326. *Valle bajo (zona litoral de Jequetepeque).* — Botella modelada de base plana y reborde. Lleva áreas depresionadas, aplicaciones e incisiones en pasta húmeda. Superficie bruñida. Pasta granular fina. Color gris. — Colección: Archivo Kcomt.

327a.b. *Quindén (Valle medio de Jequetepeque).* — Botella de base plana y reborde biselado. Decoración con incisión acanalada pulida y punteado. Los motivos representan caracoles marinos. Pasta granular. Superficie alisada y bruñida. Color marrón oscuro. — Colección: Archivo Kcomt.

328a.b. *Valle Jequetepeque.* — Botella modelada de base plana y reborde ligeramente redondeado. Decoración por tiras aplicadas, peinado y bruñido. Pasta granular fina. Color gris manchado. — Colección: César Rodríguez R.

329a.b. *Quindén (Valle medio de Jequetepeque).* — Botella modelada, base plana y reborde biselado. Decoración excisa acanalada y pulida. Pasta granular. Superficie bruñida. Diseños mitológicos complejos. Color marrón claro. — Colección: Archivo Kcomt.

330. *Valle Jequetepeque.* — Botella modelada de base plana y reborde. Pasta granular fina. Decoración mediante aplicaciones e incisión. Color gris oscuro. — Colección: César Rodríguez R.

331. *Valle Zaña.* — Botella modelada de base plana y grueso reborde redondeado. Decoración mediante aplicaciones en pastillaje, bandas e incisión. Pasta granular fina. Superficie alisada en el cuerpo y pulida en el asa. Color gris claro. — Colección: Giorgio Battistini.

332. *Valle Jequetepeque.* — Botella modelada de base semi-plana y reborde. Decoración mediante aplicaciones y peinado grueso. Pasta granular. Color gris claro. Superficie alisada y pulida. — Colección: Oscar Rodríguez R.

333. *Quindén (Valle medio de Jequetepeque).* — Botella modelada, base plana y reborde biselado. Decorado con incisión acanalada, ancha y pulida, punteado regular con instrumento dentado. El diseño aparece en una sola sección de la pieza. Superficie pulida y bruñida. Color gris oscuro. — Colección: Archivo Kcomt.

334. *Saltur (Valle Chancay).* — Botella modelada de base plana y reborde inclinado. Decoración mediante aplicaciones e incisión. Pasta granular fina. Superficie alisada y pulida. Color gris claro. — Colección: Giorgio Battistini.

335. *Tembladera (Valle medio de Jequetepeque).* — Botella modelada, base plana, reborde y labio exteriormente redondeado. Decorado con incisiones finas superficiales (peinado) y anchas, acanaladas y pulidas. Pasta granular fina. Superficie pulida y bruñida. Color gris claro. — Colección: Archivo Kcomt.

336. *Valle Zaña.* — Botella modelada de base plana y reborde inclinado. Decoración por aplicaciones semi-esféricas, una banda central e impresiones mecidas. Pasta granular fina. Superficie alisada y pulida. Color gris claro. — Colección: Giorgio Battistini.

337. *Tolón (Valle bajo de Jequetepeque).* — Fragmento de botella modelada con reborde biselado. Decorado con incisión superficial acanalada y punteado mecido con instrumento dentado. Pasta granular fina. Superficie alisada y bruñida. Color gris claro. — Colección: Archivo Kcomt.

338. *Valle Jequetepeque.* — Botella modelada compuesta, base plana y reborde biselado. Decoración por aplicaciones y punteado arrastrado. Superficie alisada y bruñida. Pasta granular fina. Color gris oscuro. — Colección: César Rodríguez R.

339. *Valle Chancay.* — Botella modelada de base plana y reborde redondeado. Decoración geométrica mediante incisión acanalada ancha pulida y punteado con instrumento dentado. Pasta granular fina. Superficie alisada y pulida. Color gris claro. — Colección: Giorgio Battistini.

340. *Cerro Boró (Valle Chancay).* — Botella modelada compuesta de base plana y reborde inclinado. Representación escultórica de dos conchas Spondylus unidas por el cuerpo y el asa. Complementan la figuración aplicaciones con incisión acanalada ancha. Pasta granular fina. Superficie alisada y pulida. Color gris. — Colección: Giorgio Battistini.

341. *Valle Jequetepeque.* — Botella modelada compuesta de base plana y reborde ligeramente redondeado. Decoración por aplicaciones, punteado oblicuo en pasta fresca, peinado fino. Pasta granular. Superficie alisada y pulida. Color marrón oscuro. — Colección: L. Monteverde (Trujillo).

342. *Cerro Boró (Valle Chancay).* — Botella modelada compuesta de base plana y reborde convergente. Decoración mediante aplicaciones y punteado oblicuo en pasta semi-seca. Pasta granular fina. Superficie alisada y pulida. Color gris. — Colección: Giorgio Battistini.

343a—c. *Caliza de Talambo (Valle bajo de Jequetepeque).* — Botella modelada, asa-estribo sagital. Representa personaje (con máscara?) ingiriendo un cáctus alucinógeno (San Pedro) o tocando instrumento musical. Lleva incisiones anchas acanaladas. Cuerpo punteado lineal (peine). Pasta granular fina. Superficie alisada y bruñida. Color gris claro. — Colección: Archivo Kcomt. La misma pieza aparece en Lapiner 1976, 14 restaurada y con asa.

344a—c. *Valle bajo (zona litoral de Jequetepeque).* — Botella modelada de base plana y reborde convergente. Decoración mediante aplicaciones, incisión acanalada ancha y punteado oblicuo grueso. Pasta granular fina. Superficie alisada, pulida y bruñida. Color gris oscuro. — Colección: Archivo Kcomt.

345a—c. *Valle bajo (zona litoral de Jequetepeque).* — Botella de base plana y reborde convergente. Representación de una cabeza de felino. Tratado mediante aplicaciones, incisión acanalada ancha e impresiones con instrumento dentado. Superficie alisada y bruñida. Pasta granular fina. Color gris oscuro. — Colección: Archivo Kcomt.

346a—c. *Valle medio de Jequetepeque (Yonán-Quindén).* — Botella modelada de base plana y reborde convergente. Representación de una cabeza humana felinizada y cabezas de serpientes, complementada mediante incisiones acanaladas anchas e impresiones con instrumento dentado. Superficie pulida. Pasta granular fina. Color gris oscuro. — Colección: Archivo Kcomt.

347a.b. *Quindén (Valle medio de Jequetepeque).* — Botella escultórica de asa-estribo ligeramente achatada, base plana. Decorada con incisión cortante fina (tocado). Pasta granular fina. Superficie pulida. Color gris claro. — Colección: Archivo Kcomt.

348. *Valle bajo (zona litoral de Jequetepeque).* — Botella modelada escultórica de base plana y reborde convergente. Lleva incisión acanalada ancha e impresiones con instrumento dentado. Superficie alisada y bruñida. Pasta granular fina. Color gris. Personaje con moño amarrado hacia adelante y cordón hacia la izquierda. — Colección: Archivo Kcomt.

349. *Valle Zaña o Valle Jequetepeque.* — Botella modelada escultórica de base plana y reborde inclinado. Representación de personaje con un venado sobre la espalda. Complementan la representación incisiones finas y punteado. Pasta granular fina. Superficie alisada y pulida. Color gris oscuro. — Colección: E. Poli.

350. *Valle bajo (zona litoral de Jequetepeque).* — Botella modelada, de base plana y reborde convergente. Representación de personaje con moño amarrado hacia arriba y cordón hacia la izquierda. Combinación de incisiones finas e incisiones acanaladas. Superficie con líneas de bruñimiento. Pasta granular fina. Color gris. — Colección: Archivo Kcomt.

351. *Valle Jequetepeque.* — Botella modelada compuesta, de base plana y reborde. Representación escultórica de un buho o lechuza sobre un cuerpo en forma de cuenco. Lleva incisiones acanaladas superficiales que separan áreas de diseños pintados pre-cocción en rojo encendido y blanco. Superficie bruñida. Pasta granular fina. Color base rojo. — Colección: Archivo Kcomt.

352. *Valle Jequetepeque.* — Botella modelada de base plana y reborde exteriormente redondeado. Incisiones acanaladas anchas separan secciones de la representación decoradas con pintura pre-cocción roja, negra y blanca, estos últimos aparentemente puestos sobre el primero. Pasta granular fina. Superficie bruñida. Representaría un perro (?). Los diseños que forman los ojos sugieren serpientes. — Colección: particular (Viena 1983).

353. *Yonán (Valle medio de Jequetepeque).* — Botella modelada de base plana, con reborde exteriormente redondeado. Se emplean incisiones anchas acanaladas y aplicaciones. La superficie lleva secciones de pintura pre-cocción crema, roja y morada. Pasta granular. Superficie bruñida. — Colección: Archivo Kcomt.

354a.b. *Pampa Larga (Valle medio de Jequetepeque).* — Botella modelada compuesta ("refrigerante"), labio ligeramente aplanado, base plana. Cuerpo exterior calado y decorado con incisión superficial ancha en pasta semi-seca (cabezas esquematizadas). Cuerpo interior contendría el líquido. Superficie pulida, color gris. Pasta granular. — Colección: Archivo Kcomt, hoy colección Amano.

355. *Valle Jequetepeque.* — Botella modelada de tipo "refrigerante". Compuesta por el recipiente interior que contendría el líquido y un cuerpo exterior de paredes caladas en forma de rombos. Lleva base plana y labio redondeado. La decoración complementaria es por incisiones cortantes superficiales enmarcando los rombos. Pasta granular. Superficie pulida. Color marrón oscuro. — Colección: Oscar Rodríguez R.

356. *Valle Jequetepeque.* — Botella modelada de base plana y reborde biselado. Decorado con grueso punteado oblicuo (arrastrado) en pasta húmeda e incisiones anchas acanaladas y pulidas. Pasta granular fina. Superficie alisada y bruñida. — Colección: foto M. Taboada.

357. *Valle Jequetepeque o Valle Zaña.* — Botella modelada de base plana y reborde inclinado. Decoración mediante punteado grueso e incisión acanalada ancha pulida formando diseños mitológicos y esquemático-geométricos que se repiten en el asa. Pasta granular fina. Superficie alisada y pulida alternativamente. Color gris oscuro a negro. — Colección: E. Poli.

358. *Valle Jequetepeque.* — Botella escultórica compuesta. Presentación naturalista de un roedor. Lleva aplicaciones, punteado de diversos tipos y peinado. Superficie alisada y bruñida alternativamente. Pasta granular fina. Color marrón oscuro. — Colección: Archivo Kcomt.

359. *Pampa Larga-Yonán (Valle medio de Jequetepeque).* — Botella compuesta modelada de base semi-plana y reborde redondeado. Decorada con punteado oblicuo mediante instrumento achatado fino. Representación realista de mono cautivo en actitud erótica. Pasta granular fina. Superficie alisada y bruñida. Color gris oscuro. — Colección: Archivo Kcomt.

360. *Valle Zaña.* — Botella modelada escultórica incompleta, representando el cuerpo de un mamífero (perro). Complementan la representación punteado con instrumento achatado y peinado grueso. Pasta granular fina. Superficie alisada y bruñida. Color beige. — Colección: Giorgio Battistini.

361. *Valle Jequetepeque.* — Botella modelada, base plana y reborde redondeado. Decoración por incisión acanalada ancha pulida y peinado. Pasta granular fina. Superficie bruñida. Color gris. — Colección: César Rodríguez R.

362. *Valle Jequetepeque.* — Botella modelada de base plana, reborde, perfil compuesto y trato escultórico. Representa una casa de techo inclinado. Decoración complementaria mediante incisión gruesa y aplicaciones. Color gris oscuro. Superficie pulida. — Colección: tomado de un dibujo Archivo Kcomt.

363. *Valle Zaña o Valle Jequetepeque.* — Botella modelada de base plana y reborde inclinado. Decoración mediante aplicaciones relievadas formando diseños geométricos y punteado. Pasta granular fina. Superficie pulida. Color marrón. — Colección: E. Poli.

364. *Valle bajo (zona litoral de Jequetepeque).* — Botella modelada de base plana y reborde convergente. Incisión acanalada ancha e impresiones mecidas con instrumento dentado. Superficie alisada y bruñida. Color gris oscuro a negro. Pasta granular fina. — Colección: Archivo Kcomt.

365. *Valle Jequetepeque.* — Botella modelada de base plana, gollete ligeramente globular y reborde. Decoración aplicada, incisión acanalada, punteado y peinado. Pasta granular fina. Color gris manchado. Superficie pulida. — Colección: César Rodríguez R.

366. *Saltur (Valle Chancay).* — Botella modelada de base plana, decorada mediante aplicaciones regulares y punteado con instrumento dentado. Pasta granular fina. Superficie alisada y bruñida. Color gris oscuro. — Colección: Giorgio Battistini.

367. *Tolón (Valle bajo de Jequetepeque).* — Botella modelada de base ligeramente convexa y reborde exteriormente redondeado. Lleva aplicaciones, punteado e incisión acanalada. En la parte posterior tiene dos círculos concéntricos con el núcleo punteado. Pasta granular fina. Superficie alisada y bruñida. Color gris claro. — Colección: Archivo Kcomt.

368. *Valle Zaña o Valle Jequetepeque.* — Botella modelada de base plana y reborde ligeramente inclinado. Decoración mediante incisión ancha acanalada y punteado con instrumento achatado. Superficie alisada y pulida alternativamente. Color gris oscuro. — Colección: E. Poli.

369. *Valle Jequetepeque.* — Botella modelada de base plana y reborde exteriormente redondeado. Decoración mediante punteado con instrumento dentado. Pasta granular fina. Superficie alisada y pulida. Color beige. — Colección: Oscar Rodríguez R.

370. *Valle Jequetepeque.* — Botella modelada compuesta de base plana y reborde redondeado. Representación escultórica de la cabeza de un personaje. Decoración complementada mediante incisión superficial acanalada. Pasta granular fina. Color rojo oscuro con pintura pre-cocción blanca en el área del diseño. — Colección: César Rodríguez R.

371. *Valle Jequetepeque.* — Botella modelada de base semi-plana y reborde. Incisión acanalada superficial. Diseño alisado-opaco. Superficie general bruñida. Pasta granular fina. Color gris. — Colección: Archivo Kcomt.

372. *Valle Jequetepeque.* — Botella modelada de base plana. Incisión acanalada pulida superficial que separa áreas alisado-opacas y bruñidas. Superficie tratada con engobe rojo. Pasta granular fina. Color base rojo. — Colección: Archivo Kcomt.

373. *Valle Jequetepeque.* — Botella modelada de base plana y reborde redondeado. Decoración por incisión sencilla superficial acanalada que separa áreas bruñidas y alisadas. Pasta granular. Color marrón oscuro a rojizo. — Colección: Oscar Rodríguez R.

374. *Valle Jequetepeque.* — Botella modelada de base plana y reborde. Botones cónicos aplicados. Pasta granular. Superficie pulida. Color gris oscuro. — Colección: Oscar Rodríguez R.

375. *Valle Jequetepeque.* — Botella modelada de base plana y labio redondeado. Superficie pulida color rojo con aplicación de engobe blanco en la mitad inferior del cuerpo. Pasta granular. — Colección: Oscar Rodríguez R.

376. *Valle Jequetepeque.* — Botella modelada de base plana y labio redondeado. Superficie bruñida color rojo con ligero engobe blanco en la mitad inferior del cuerpo. Pasta granular. — Colección: Oscar Rodríguez R.

377. *Valle Jequetepeque.* — Botella modelada de base plana y labio ligeramente aplanado. Superficie bruñida color rojo y engobe blanco en la mitad inferior del cuerpo. Pasta granular. — Colección: Oscar Rodríguez R.

378. *Valle Jequetepeque.* — Botella modelada de base plana y labio redondeado. Superficie pulida con aplicación de pintura blanca en la mitad inferior del cuerpo. Color general rojo. — Colección: César Rodríguez R.

379. *Valle Jequetepeque.* — Botella modelada de base plana y labio redondeado. Incisiones superficiales en pasta seca. Pasta granular fina. Color rojo oscuro. Superficie pulida y bruñida. — Colección: César Rodríguez R.

380. *Valle Jequetepeque.* — Botella modelada de base plana, gollete de bordes convergentes, labio redondeado. Pasta granular fina. Superficie pulida y bruñida de color rojo con pintura pre-cocción blanca en la mitad inferior del cuerpo. — Colección: César Rodríguez R.

381. *Valle Jequetepeque.* — Botella modelada compuesta, de estribo atípico. Lleva labio redondeado y aplicaciones con impresión central profunda. Pasta granular fina. Color gris oscuro a negro. — Colección: Oscar Rodríguez R.

382. *Valle Jequetepeque.* — Botella modelada compuesta, de base plana, labio redondeado y asa cintada. La cabeza del personaje forma parte del mecanismo de silbato. Incisión superficial en pasta seca. Pasta granular. Superficie alisada. Color gris. — Colección: Oscar Rodríguez R.

383. *Valle Jequetepeque.* — Botella modelada compuesta, formada por cuerpo anular y 2 cabezas modeladas de trato sencillo. Superficie pulida. Color gris. — Colección: Archivo Kcomt.

384. *Valle Jequetepeque.* — Botella modelada de base semi-plana y labio redondeado. Lleva mecanismo de silbato y aplicaciones impresas. Superficie bruñida. Color gris oscuro. — Colección: Oscar Rodríguez R.

385. *Quindén (Valle medio de Jequetepeque).* — Botella modelada, base plana, labio redondeado y asa cintada. Los diseños aparecen con incisión superficial en pasta dura y bruñidos, contrastando con la superficie general alisado-áspera. Pasta granular. Color gris oscuro. — Colección: Archivo Kcomt.

386. *Valle Jequetepeque.* — Botella modelada de base plana y labio redondeado, asa cintada y silbato. Superficie con engobe rojo y bruñimiento. El áera de diseños (con incisión) se encuentra pintada de blanco. Pasta granular. — Colección: Oscar Rodríguez R.

387. *Valle Jequetepeque.* — Botella modelada de base plana y labio redondeado. Lleva diseño escultórico aplicado y mecanismo de silbato. Asa-puente cintada, incisión superficial fina. Pasta granular fina. Superficie bruñida. Color gris oscuro. — Colección: Oscar Rodríguez R.

388. *Valle Jequetepeque.* — Botella modelada de cuerpo globular achatado, base semi-plana y asa-puente cintada. Lleva mecanismo de silbato. Decoraciones figurativas de aves mediante incisión superficial acanalada y áreas punteadas. Pasta granular fina. Color gris oscuro. — Colección: Archivo Kcomt.

389. *Valle Jequetepeque.* — Botella modelada a rotación, base semi-plana, labio redondeado y asa cintada. Pasta granular fina. Superficie pulida. Color gris oscuro. — Colección: Archivo Kcomt.

390. *Valle Jequetepeque.* — Botella modelada compuesta de base plana y asa cintada. Decoración por incisión acanalada y punteado en pasta semi-seca. Lleva mecanismo de silbato. Superficie bruñida. Pasta granular fina. Color negro. — Colección: Oscar Rodríguez R.

391. *Valle Jequetepeque.* — Botella modelada, base plana, labio redondeado, asa cintada y silbato. La superficie se encuentra tratada con engobe rojo y el área del diseño que separa la incisión, en blanco pre-cocción. Pasta granular. — Colección: Oscar Rodríguez R.

392. *Valle Jequetepeque.* — Fragmento correspondiente a una vasija de asa-puente con mecanismo de silbato. Representa un personaje sentado. Pasta granular fina. Superficie alisada. Color rojo. — Colección: Archivo Kcomt.

393. *Valle Jequetepeque.* — Fragmento correspondiente a una botella compuesta de asa-puente con mecanismo de silbato. Representa un personaje con tocado y nariguera. Lleva pintura blanca pre-cocción. Pasta granular. Color rojo. — Colección: Archivo Kcomt.

394. *Valle Jequetepeque.* — Botella modelada compuesta de asa-puente achatada, base plana y labio ligeramente aplanado. Lleva mecanismo de silbato. Representación realista de la cabeza de un mamífero (zorro). Pasta granular fina de color rojo, incisiones superficiales, lleva aplicación de pintura pre-cocción de color blanco y negro en áreas o diseños. — Colección: Archivo Kcomt.

395. *Valle Jequetepeque.* — Botella modelada de base plana, borde redondeado ligeramente reforzado y asa cintada. Representación escultórica de una cabeza de ave mitológica complementada con punteados y aplicaciones. Pasta granular fina. Superficie pulida. Color gris oscuro. — Colección: César Rodríguez R.

396. *Valle Jequetepeque.* — Botella modelada compuesta de base plana y asa-puente achatada. Presentación realista de la cabeza de un ave. Pasta granular fina. Superficie pulida. Color gris oscuro a marrón. — Colección: César Rodríguez R.

397. *Valle Jequetepeque.* — Botella modelada compuesta de base plana, asa-puente cintada y labio redondeado. Representación escultórica de un roedor con detalles complementados por incisiones. Pasta granular fina. Superficie ligeramente vírea por exceso de cocción. Color gris oscuro manchado. — Colección: César Rodríguez R.

398a.b. *Valle Jequetepeque.* — Botella modelada compuesta de base plana, asa-puente cintada y reborde. Representación escultórica superior de un personaje en actitud de tocar un instrumento y a su vez forma el mecanismo de silbato. Decoración complementaria mediante incisión acanalada superficial, aplicaciones y punteado oblicuo con instrumento achatado. Pasta granular fina. Superficie alisada y bruñida. Color gris. — Colección: Oscar Rodríguez R.

399a—c. *Las Hamacas-Montegrande (Valle medio de Jequetepeque).* — Botella modelada de base semi-plana, labio redondeado y asa cintada (ligeramente engrosada al centro). Pasta granular fina. Superficie pulida y bruñida (en sectores). Lleva mecanismo de silbato. Color rosado bajo. — Colección: Archivo Kcomt.

400. *Las Hamacas-Montegrande (Valle medio de Jequetepeque).* — Botella modelada de base semi-plana, labio redondeado y asa cintada. Pasta granular. Superficie pulida con bruñimiento descuidado. Color rosado bajo. — Colección: Archivo Kcomt.

401a.b. *Valle Jequetepeque.* — Cántaro escultórico modelado, de base irregular. Lleva la boca en la parte posterior en forma de abertura sin cuello. La representación se complementa con aplicaciones, depresiones e incisión cortante en pasta húmeda. La superficie lleva algunas áreas bruñidas y alisado-ásperas con pintura post-cocción de color rojo. Pasta granular. Color marrón oscuro. — Colección: César Rodríguez R.

402. *Valle medio de Jequetepeque.* — Cuenco cerrado, labio redondeado, base semi-plana. Decoración por incisión superficial ancha en pasta semi-seca simulando plumaje. Cabeza y cola aplicados. Pasta granular fina. Superficie pulida, color gris. — Colección: Archivo Kcomt.

403a.b. *Chungal (Valle medio de Jequetepeque).* — Pequeño cuenco modelado, labio redondeado, base convexa. Decoración con incisión cortante en pasta húmeda. Pasta granular, superficie alisado-áspera en la sección superior y bruñida en la inferior y el labio. Color marrón oscuro con trazos de pintura post-cocción. — Colección: Archivo Kcomt.

404. *Valle Jequetepeque.* — Cuenco de base semi-plana y labio redondeado. Decoración por incisión acanalada superficial. Lleva engobe rojo y pintura blanca pre-cocción en el diseño. Pasta granular rojo claro. Superficie pulida. — Colección: Oscar Rodríguez R.

405. *Valle Jequetepeque.* — Cántaro globular de base convexa y labio redondeado. Incisión superficial en pasta semi-seca. Color gris oscuro. Pasta granular. Superficie pulida. — Colección: Oscar Rodríguez R.

406. *Valle Jequetepeque.* — Botella modelada de cuello corto, base convexa y labio redondeado. Superficie pulida y con huellas de bruñimiento transversal. Color gris oscuro. Pasta granular. — Colección: Oscar Rodríguez R.

407. *Valle Jequetepeque.* — Olla con cuello, de base convexa y labio redondeado. Incisión superficial fina. Superficie pulida. Pasta granular fina. Color gris. — Colección: Oscar Rodríguez R.

408. *Valle Jequetepeque.* — Botella de gollete corto, base plana y labio redondeado. Superficie pulida. Pasta granular fina. Color rojo. — Colección: Oscar Rodríguez R.

409. *Valle Jequetepeque.* — Botella de cuello corto, base convexa y labio redondeado. Representa un ave, tratada con aplicaciones e incisión en pasta húmeda. Color gris. Superficie pulida. Pasta granular fina. — Colección: Oscar Rodríguez R.

410. *Valle Jequetepeque.* — Cántaro modelado, base plana y labio redondeado. Decoración por incisión superficial. Pasta granular. Superficie pulida y bruñida. Color gris manchado. — Colección: César Rodríguez R.

411. *Valle Jequetepeque.* — Olla de borde evertido, base convexa y labio redondeado. Incisión superficial en pasta húmeda y punteado arrastrado. Pasta granular. Superficie alisada. Color rojo oscuro. — Colección: Oscar Rodríguez R.

412. *Valle Jequetepeque.* — Botella modelada de base semi-convexa y labio redondeado ligeramente reforzado. Pasta granular. Superficie engobada de color negro con líneas de bruñido. — Colección: Museo Brüning.

413. *Valle Jequetepeque.* — Cántaro modelado de cuello corto, base plana y labio redondeado. Lleva depresiones, aplicaciones centrales que forman los ojos de la representación e incisión en pasta dura. Superficie pulida. Pasta granular. Color gris oscuro a marrón. — Colección: César Rodríguez R.

414. *Valle Jequetepeque.* — Olla con cuello, de base convexa y labio redondeado. Superficie pulida. Pasta granular fina. Color gris oscuro. — Colección: Oscar Rodríguez R.

415. *Valle Jequetepeque.* — Vaso modelado de base plana y labio redondeado. Decoración por incisión cortante superficial irregular. Pasta granular color rojo, con diseño pintado en blanco pre-cocción. Superficie alisada. — Colección: César Rodríguez R.

416a.b. *Valle Jequetepeque.* — Vaso modelado, base plana y labio aplanado. Decoración por incisión acanalada superficial. Superficie bruñida. Pasta granular fina. Color gris claro. — Colección: César Rodríguez R.

417. *Valle Jequetepeque.* — Vaso de asa cintada, base plana y labio redondeado. Pasta granular fina. Color gris oscuro. — Colección: Oscar Rodríguez R.

418. *Valle bajo (zona litoral de Jequetepeque).* — Vaso de base plana y reborde. Decoración por aplicaciones, impresiones regulares con instrumento dentado e incisión acanalada ancha. Pasta granular fina. Superficie alisada y bruñida. Color gris. — Colección: Archivo Kcomt.

419. *Valle bajo (zona litoral de Jequetepeque).* — Cuenco de base plana y bordes convergentes. Representación de un buho o lechuza complementado con aplicaciones e incisiones finas y acanaladas anchas. Superficie alisada (base y labio pulidos). Pasta granular fina. Color gris. — Colección: Archivo Kcomt.

420. *Valle bajo (zona litoral de Jequetepeque).* — Vaso de asa cintada lateral, base plana y labio redondeado. Incisión acanalada superficial en pasta semi-seca. Superficie bruñida. Pasta granular fina. Color gris. — Colección: Archivo Kcomt.

421a.b. *Valle Jequetepeque.* — Taza modelada de base plana y bordes en apariencia fuertemente evertidos. Pasta granular fina. Superficie pulida. Color gris. Asa posterior achatada. — Colección: César Rodríguez R.

422. *Valle Jequetepeque.* — Vaso de base plana y labio ligeramente aplanado. Superficie pulida. Pasta granular fina. Color gris oscuro. — Colección: Oscar Rodríguez R.

423. *Valle Jequetepeque.* — Taza de base semi-plana y labio ligeramente aplanado. Diseños mediante incisión ancha superficial en pasta semi-seca. Superficie escasamente pulida. Pasta granular fina. Color gris. — Colección: César Rodríguez R.

424. *Valle Jequetepeque.* — Taza en forma de sombrero invertido, base plana y labio redondeado. Superficie alisada. Color gris oscuro. Incisiones acanaladas en pasta semi-seca. — Colección: Oscar Rodríguez R.

425. *Valle Zaña.* — Vaso de base plana y labio exteriormente redondeado. Decoración mediante incisión acanalada ancha pulida e incisión superficial en forma de peinado grueso. Pasta granular fina. Superficie alisada y pulida en el borde, base e interior. Color gris. — Colección: Giorgio Battistini.

426. *Valle Jequetepeque.* — Plato de base ligeramente convexa y labio aplanado. Diseños mitológicos en pasta dura. Superficie pulida. Color gris oscuro. Pasta granular. — Colección: César Rodríguez R.

427. *Valle Jequetepeque.* — Plato de base semi-plana, bordes ligeramente convergentes y labio aplanado. Decoración por incisión superficial fina. Pasta granular. Superficie bruñida. Color gris oscuro. — Colección: César Rodríguez R.

428. *Valle Zaña.* — Plato de base semi-plana y labio redondeado. Decoración geométrica mediante incisión cortante cuyos campos llevan pintura post-cocción roja, rosada y blanca. Superficie alisado-áspera en el sector del diseño y pulida en la base, labio e interior. Color marrón. — Colección: Giorgio Battistini.

429. *Valle Jequetepeque.* — Taza de base plano-convexa, bordes ligeramente convergentes y labio aplanado. Decoración con incisión cortante superficial. Superficie pulida. Pasta granular fina. Color gris. — Colección: César Rodríguez R.

430. *Valle Jequetepeque.* — Plato de base semi-convexa y labio redondeado. Diseños geométricos en incisión superficial, separando espacios tratados con pintura post-cocción de color rojo, amarillo y blanco. Areas carentes de diseño bruñidas. Sección central de paredes exteriores alisado-áspera. Pasta granular. Color marrón oscuro. — Colección: Oscar Rodríguez R.

431. *Valle Medio de Jequetepeque.* — Cuenco de base convexa, borde evertido y labio redondeado. Decoración exterior mediante incisión cortante. Representación de una cabeza de buho o lechuza complementada con áreas depresionadas y aplicaciones. Hacia la parte posterior lleva un diseño de forma acordonada con punto central. Superficie pulida en el interior, borde y base y alisado-áspera en el área del diseño con pintura post-cocción de color rojo, blanco y amarillo. Pasta granular. Color marrón oscuro manchado. — Colección: Museo Brüning.

432. *Valle Jequetepeque.* — Fragmento de plato de base semi-plana, lados ligeramente evertidos y borde almenado. Decoración exterior mediante incisiones en pasta semi-seca. Superficie alisada. Lleva pintura post-cocción de color rojo, amarillo y rosado en áreas del diseño. Representación mitológica. Pasta granular. Color marrón oscuro. — Colección: Museo Brüning.

433. *Valle Jequetepeque.* — Plato de base plana, paredes ligeramente abiertas, borde almenado y labio redondeado. Decoración por incisión en pasta húmeda y pintura post-cocción. Superficie alisada y pulida en sectores. Pasta granular. Color marrón oscuro. — Colección: César Rodríguez R.

434. *Valle Jequetepeque.* — Plato de base plana, bordes ligeramente evertidos y labio redondeado. Decoración con incisión acanalada superficial. Pasta granular gruesa. Superficie pulida. Color marrón oscuro. — Colección: César Rodríguez R.

435. *Valle Jequetepeque.* — Plato de base semi-plana y lados ligeramente evertidos. Decoración exterior mediante incisiones en pasta semi-seca. Superficie alisada. Se advierten trazas de pigmento post-cocción. Pasta granular. Color marrón oscuro. — Colección: Oscar Rodríguez R.

436a.b. *Valle Jequetepeque.* — Plato de base convexa, bordes almenados y labio redondeado. Lleva decoración mediante incisión cortante profunda y pintura post-cocción roja.

437. *Valle Jequetepeque.* — Plato de base semi-plana y lados ligeramente evertidos. Diseños mitológicos exteriores mediante incisiones superficiales anchas en pasta semi-seca. Superficie alisado-áspera con pintura post-cocción roja y amarilla en áreas de la representación. Pasta granular. Color marrón oscuro. — Colección: Oscar Rodríguez R.

438. *Valle Jequetepeque.* — Plato de base plana, paredes ligeramente evertidas y labio redondeado. Decoración mediante excisión e incisión acanalada formando complejos diseños mitológicos laterales separados por una banda central con líneas acordonadas. Pasta granular. Superficie pulida. Color gris. — Colección: Oscar Rodríguez R.

439a—c. *Valle Zaña.* — Plato de base plana, lado ligeramente evertido y labio redondeado. Decoración mediante incisión acanalada ancha en pasta semi-seca con uso adicional de excisiones formando dos complejos diseños mitológicos separados por bandas centrales. Pasta granular fina. Superficie pulida. Color gris manchado a marrón. — Colección: Giorgio Battistini.

440. *Valle Jequetepeque.* — Plato de base semi-convexa y labio redondeado. Lleva aplicaciones e incisión superficial en pasta semi-seca. Se combinan áreas alisado-opacas y bruñidas. Pasta granular fina. Color marrón oscuro. — Colección: Oscar Rodríguez R.

441. *Valle Jequetepeque.* — Diseño tomado del calco de un plato de base plana, paredes ligeramente divergentes y labio redondeado. Los complejos diseños mitológicos han sido tratados mediante excisión e incisión ancha. Color gris. Superficie pulida. — Colección: Archivo Kcomt.

442. *Caliza de Talambo (Valle bajo de Jequetepeque).* — Taza de borde ligeramente cerrado y labio redondeado. Incisiones acanaladas fuertes en pasta semi-seca. Pasta granular fina. Presentación de carácter fitomorfo con cabezas. Superficie pulida. Color gris claro. — Colección: Archivo Kcomt.

443. *Valle Jequetepeque o Valle Zaña.* — Plato de basa plana, lados evertidos y labio redondeado, decorado mediante excisión e incisión acanalada en pasta semi-seca, formando un diseño central consistente en un personaje mitológico felinizado con brazos y apéndices bucales en forma de serpientes. Color gris. Pasta granular. Superficie pulida. — Colección: E. Poli.

444. *Valle Zaña.* — Plato de base semi-plana, paredes ligeramente evertidas, borde almenado y labio redondeado. Decoración mediante incisión superficial en pasta semi-seca formando diseños esquematizados en paneles con campos reticulados. Superficie pulida. Pasta granular fina. Color gris. — Colección: Giorgio Battistini.

445. *Valle Zaña.* — Plato de base semi-plana, lados ligeramente evertidos y labio redondeado. Diseños mediante incisión superficial en pasta seca formando cabezas mitológicas esquematizadas y continuas. Pasta granular fina. Superficie pulida. Color beige. — Colección: Giorgio Battistini.

446. *Valle Zaña.* — Plato de base semi-plana y labio redondeado. Decoración mediante incisión en pasta dura formando diseños geométricos con campos reticulados. Pasta granular fina. Superficie pulida. Color gris. — Colección: Giorgio Battistini.

447. *Valle Zaña.* — Plato de base semi-plana, paredes ligeramente evertidas y labio redondeado. Decoración mediante incisión superficial en pasta seca formando diseños esquematizados separados en paneles con campos reticulados. Pasta granular fina. Superficie pulida. Color beige. — Colección: Giorgio Battistini.

448. *Valle Zaña.* — Plato de base semi-plana y labio ligeramente aplanado. Decoración mediante incisión en pasta seca formando diseños geométricos esquematizados con campos reticulados. Pasta granular fina. Superficie pulida. Color gris. Se observan vestigios de pintura roja post-cocción. — Colección: Giorgio Battistini.
449. *Valle Zaña.* — Plato de base semi-plana, paredes ligeramente evertidas y labio redondeado. Decoración mediante incisión ancha superficial en pasta semi-seca formando diseños geométricos con campos reticulados. Pasta granular. Superficie pulida. Color marrón. — Colección: Giorgio Battistini.
450. *Valle Zaña.* — Plato de base semi-plana, paredes evertidas y labio redondeado. Decoración mediante incisión acanalada en pasta semi-seca formando diseños angulares. Pasta granular fina. Superficie pulida con estrías de bruñimiento. Color beige. — Colección: Giorgio Battistini.
451. *Valle Zaña.* — Plato de base semi-plana y labio redondeado. Decoración mediante incisión en pasta dura formando diseños mitológicos alternados con angulares. Pasta granular fina. Superficie pulida. Color beige. — Colección: Giorgio Battistini.
452. *Valle Zaña.* — Plato de base convexa y labio aplanado desde el exterior. Decoración mediante incisión acanalada en pasta semi-seca formando diseños geométricos. Pasta granular fina. Superficie alisada en el exterior y pulida en el interior, base y labio. Color marrón claro. — Colección: Giorgio Battistini.
453. *Valle Zaña.* — Plato de base semi-plana, lados ligeramente evertidos y labio redondeado. Diseños mitológicos esquematizados mediante incisión profunda en pasta fresca. Superficie alisado-áspera en el exterior y pulida en la base, labio e interior. Pasta granular. Color marrón claro. — Colección: Giorgio Battistini.
454. *Valle Jequetepeque.* — Plato de base semi-plana, paredes ligeramente evertidas y labio redondeado. Decoración geométrica mediante incisión en pasta semi-seca. Superficie general pulida. Color gris manchado. — Colección: Archivo Kcomt.
455. *Valle Jequetepeque.* — Plato de base plana y paredes ligeramente convergentes, con vertedera y labio redondeado. Incisión superficial en pasta húmeda. Color gris oscuro. Pasta granular fina. Superficie pulida. — Colección: Oscar Rodríguez R.
456. *Valle Jequetepeque.* — Plato de base semi-plana, bordes intencional y simétricamente depresionados y labio redondeado. Decoración por incisión acanalada superficial y pintura pre-cocción blanca y roja oscuro. Pasta granular fina. Superficie pulida. Color marrón oscuro. — Colección: César Rodríguez R.
457. *Valle Jequetepeque.* — Plato de base semi-plana y lados simétricamente sinuosos. Lleva incisión superficial fina en pasta semi-seca. Superficie alisada escasamente pulida con pintura pre-cocción de color blanco y morado en áreas de los diseños. Pasta granular fina de color rojo oscuro manchado. — Colección: Museo Brüning.

458. *Valle Jequetepeque.* — Plato de base plana, bordes directos y labio redondeado. Decoración con incisión acanalada superficial en forma de escalones alternadamente pintados con negro pre-cocción. Pasta granular fina. Superficie bruñida. Color rojo oscuro. — Colección: César Rodríguez R.

459. *Valle Jequetepeque.* — Vasija en forma de sartén o tostador, de base plana y labio redondeado. Lleva un mango sujetador de forma cónica. Incisiones en pasta seca. Superficie alisada y bruñida. Pasta granular fina. Color gris oscuro manchado. — Colección: César Rodríguez R.

460. *Valle Jequetepeque.* — Vasija modelada (miniatura) de base convexa y labio redondeado. Representación de un pez felinizado complementado con incisiones cortantes en pasta semi-seca. Superficie pulida. Pasta granular. Color gris oscuro. — Colección: Archivo Kcomt.

461a.b. *Valle Zaña.* — Figurina (ocarina) escultórica. Representa un personaje con las manos sobre la cintura provisto de tocado y un pectoral. Complementan la representación incisiones en pasta semi-seca. Pasta granular. Superficie alisada con restos de pintura blanca post-cocción en algunos sectores de la figurina. Color marrón. — Colección: Giorgio Battistini.

462a.b. *Valle Zaña.* — Figurina (ocarina) escultórica, representando un personaje con las manos sobre el pecho. Lleva collar y tatuaje facial. Complementan la decoración incisiones en pasta semi-seca. Pasta granular. Superficie alisada con pintura en sectores de la representación. Color crema. — Colección: Giorgio Battistini.

463.a.b. *Valle Jequetepeque.* — Figurina (ocarina) escultórica, representando una pareja de personajes de pie y abrazados. Llevan pectoral y tatuaje facial. Complementan la decoración incisiones en pasta húmeda y trazas de pintura blanca post-cocción. Pasta granular fina, color marrón. — Colección: Archivo Kcomt, hoy en coleccion paticular (U.S.A.), según Lapiner 1976, 44.

464. *Valle Chancay.* — Figurina modelada escultórica representando un personaje femenino. Complementan la representación incisiones en pasta semi-seca y pintura crema. Pasta granular. Superficie pulida. Color rojo oscuro. — Colección: E. Poli.

465. *Valle Chancay.* — Figurina escultórica modelada representando un personaje femenino con las manos sobre la cara. Complementan la representación incisiones en pasta semi-seca. Superficie pulida. Color marrón. — Colección: E. Poli.

466a—c. *Valle Jequetepeque.* — Figurina antropomorfa escultórica. Representa un músico con sombrero de felino, pectoral de cuentas y tatuaje. Tratado con incisiones acanaladas en pasta húmeda de trazo regular. Algunos sectores de la representación llevan pintura blanca pre-cocción, aplicada después del bruñido. Superficie bruñida. Color rojo. Pasta granular fina. — Colección: Archivo Kcomt, hoy en el Brooklyn Museum, New York (U.S.A.) (Lapiner 1976, 45). Ligeramente restaurada.

467. *Valle Jequetepeque.* — Ocarina escultórica representando un ave. Pasta gris oscura. Superficie pulida con trazas de pintura roja post-cocción. — Colección: César Rodríguez R.

468a.b. *Valle Zaña.* — Figurina en miniatura (ocarina escultórica), representando un personaje con tocado y las manos sobre el pecho. Complementan la decoración incisiones y punteado. Pasta granular. Superficie alisada con pintura blanca en algunos sectores de la representación. Color crema. — Colección: Giorgio Battistini.

469. *Valle Zaña.* — Figurina antropomorfa con tocado volutiforme sobre la cabeza, complementan la representación incisiones anchas e impresiones. Pasta granular. Superficie alisada y escasamente pulida. Color marrón. — Colección: E. Poli.

470. *Valle Zaña.* — Figurina excultórica representando un personaje con las manos sobre la cintura. Pasta granular. Superficie pulida. Color marrón. — Colección: E. Poli.

Bibliographie

Bibliografía

Burger, R.L., 1983: L.S. u. R.L. Burger, La Araña en la Iconografía del Horizonte Temprano en la Costa Norte del Perú, in: AVA-Beitr. 4, 1982 (1983).

Disselhoff, H.D., 1957: H.D. Disselhoff, Cajamarca-Keramik von der Pampa von San José de Moro (Prov. Pacasmayo), in: Baessler-Archiv, NF. 6, 1957, 181 ff.

Ishida, E. u.a., 1960: E. Ishida u.a., Andes. The Report of the University of Tokyo Scientific Expedition to the Andes in 1958. Tokyo.

Kosok, P., 1965: P. Kosok, Life, Land and Water in Ancient Peru. New York.

Kroeber, A.L., 1944: A.L. Kroeber, Peruvian Archaeology in 1942 (Viking Fund Publ. in Arch. 4). New York.

Lapiner, A., 1976: A. Lapiner, Pre-Columbian Art of South America. New York.

Larco Hoyle, R., 1941: R. Larco Hoyle, Los Cupisniques. Lima.

Lumbreras, L.G., 1973: L.G. Lumbreras, Los estudios sobre Chavín, in: Rev. Mus. Nac. Lima 38, 1972, 73 ff. Lima.

Pimentel, V., 1986: V. Pimentel, Felsbilder im Jequetepeque-Tal (AVA-Mat. 31, 1986).

Ravines, R., 1981: R. Ravines, Mapa arqueológico del valle de Jequetepeque. Lima.

Ravines, R., 1982: R. Ravines, Arqueología del valle medio del Jequetepeque. Lima.

Shady, R., 1983: R. Shady, Una aproximación al mundo de las creencias andinas, in: Bol. Mus. Nac. Antr. Arqu. 8, 1983, 17—24.

Schaedel, R.P., 1951: R.P. Schaedel, Major Ceremonial and Population Centers in Northern Peru, in: Sol Tax (Hrsg.), The Civilizations of Ancient America I, 232 ff. Chicago.

Rosas-Shady, 1974: H. Rosas La Noire u. R. Shady, Sobre el período formativo en la sierra del extremo norte del Perú, in: Antropológicas 15, 1974 (Mus. Nac. Antr. Arqu. Lima).

Tellenbach, M., 1981: M. Tellenbach, Vorbericht über die 1. Kampagne der Ausgrabung bei Montegrande im Jequetepeque-Tal, Nordperu, in: AVA-Beitr. 3, 1981 (1982) 415 ff.

Tellenbach, M., 1982: 2. Vorbericht über die Ausgrabung bei Montegrande im Jequetepeque-Tal, Nordperu, in: AVA-Beitr. 4, 1982 (1983) 191 ff.

Tellenbach, M., 1984: 3. Vorbericht über die Ausgrabungen im Jequetepeque-Tal, Nordperu, in: AVA-Beitr. 6, 1984 (1985) 483 ff.

Ubbelohde-Doering, H., 1957: H. Ubbelohde-Doering, Der Gallinazo-Stil und die Chronologie der altperuanischen Frühkulturen, in: Sitzber. Bayer. Akad. Wiss. Phil-Hist. Klasse 9. München.

Ubbelohde-Doering, H., 1959: Bericht über archäologische Feldarbeiten in Perú, in: Ethnos 1—2, 1 ff. Stockholm.

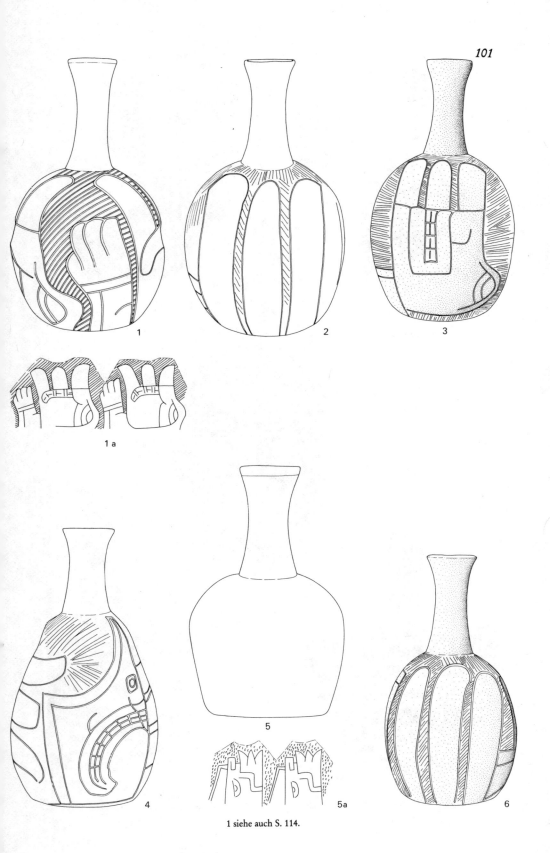

1 siehe auch S. 114.

102

11 siehe auch S. 103. — 75 siehe auch S. 112. — 91 siehe auch S. 116. — 106 siehe auch S. 120. — 112 siehe auch S. 122.

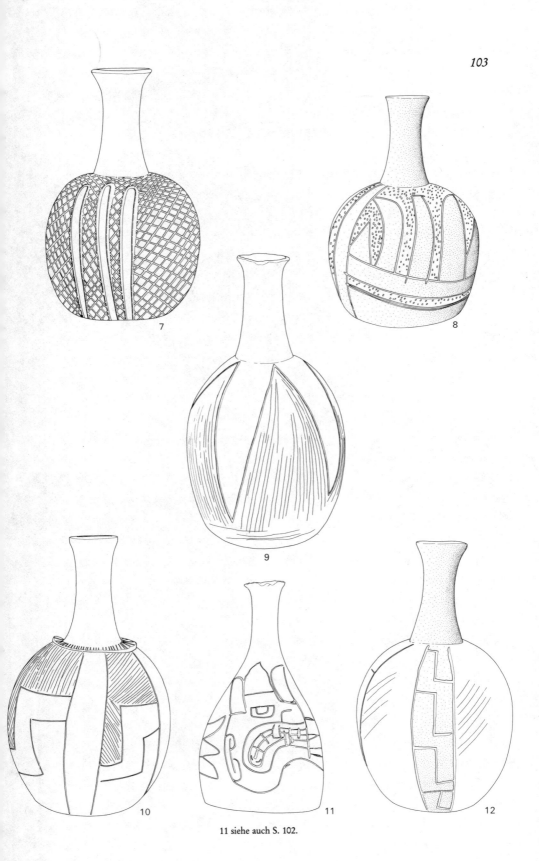

11 siehe auch S. 102.

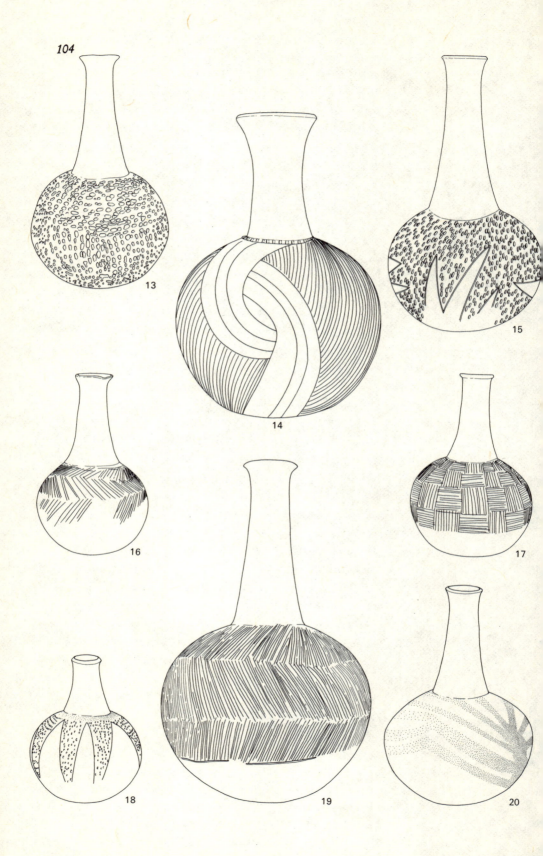

105

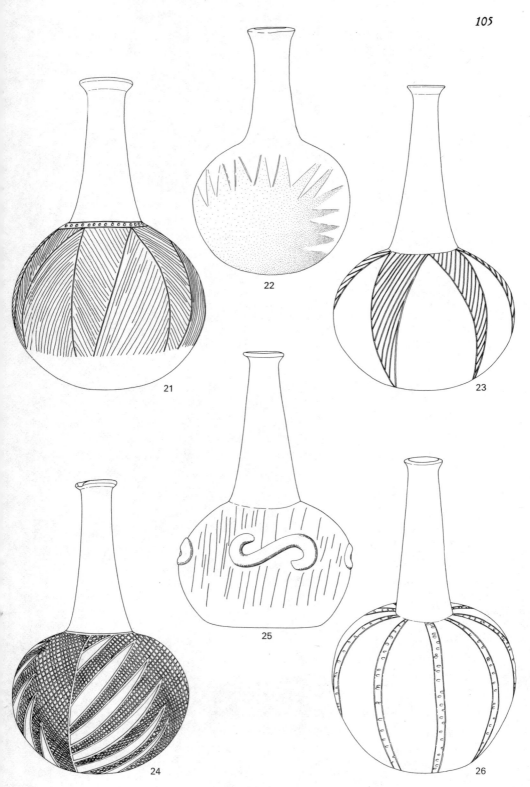

23 siehe auch S. 114.

106

27 28 29

30 31 32

33 34 35

107

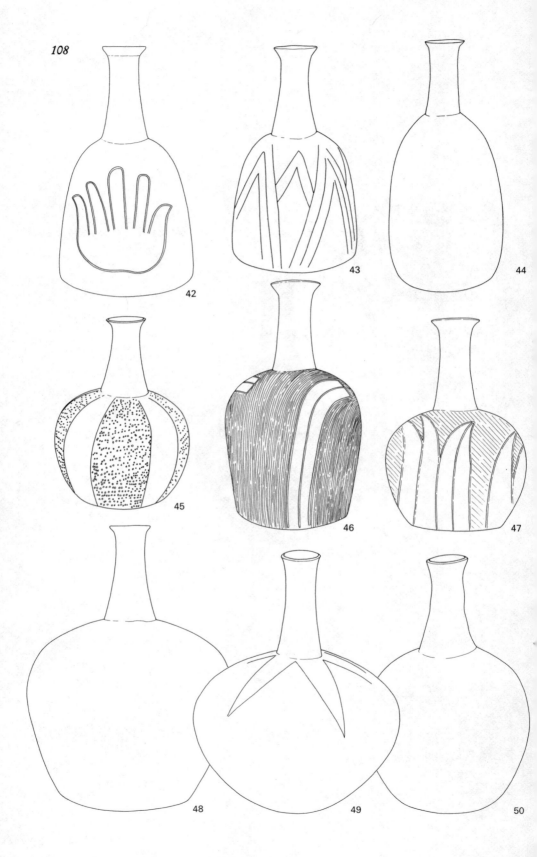

108

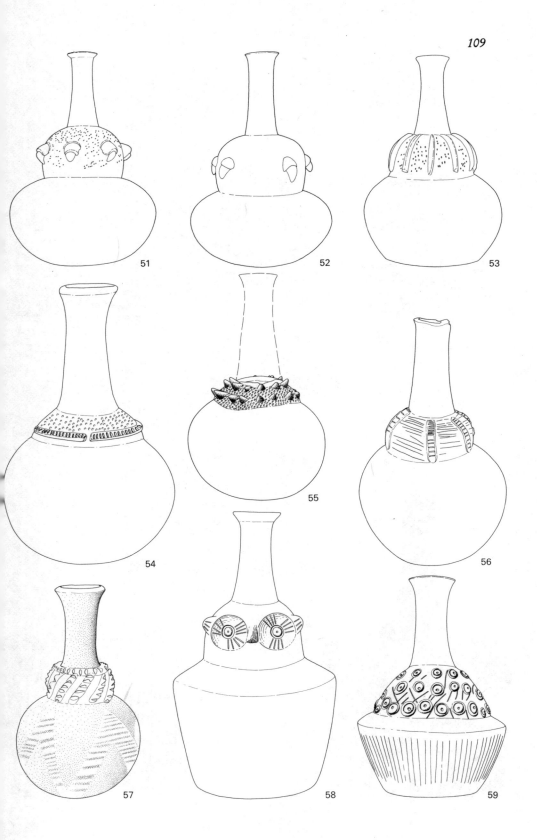

110

60a

61

60b

62

63a 63b

60 siehe auch S. 114.

111

112

75 siehe auch S. 102.

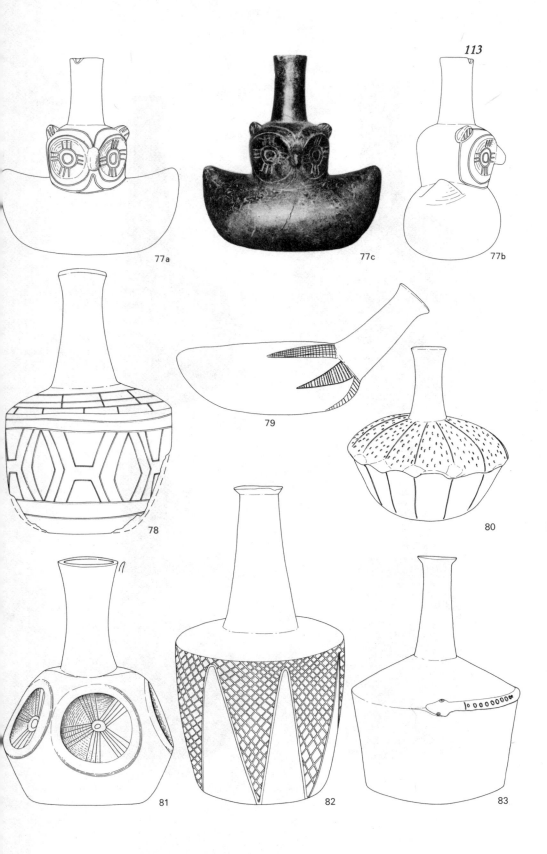

1 siehe auch S. 101. — 23 siehe auch S. 105. — 60 siehe auch S. 110. — 93 siehe auch S. 117.

115

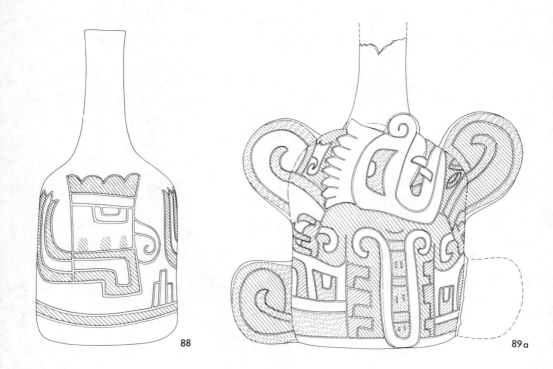

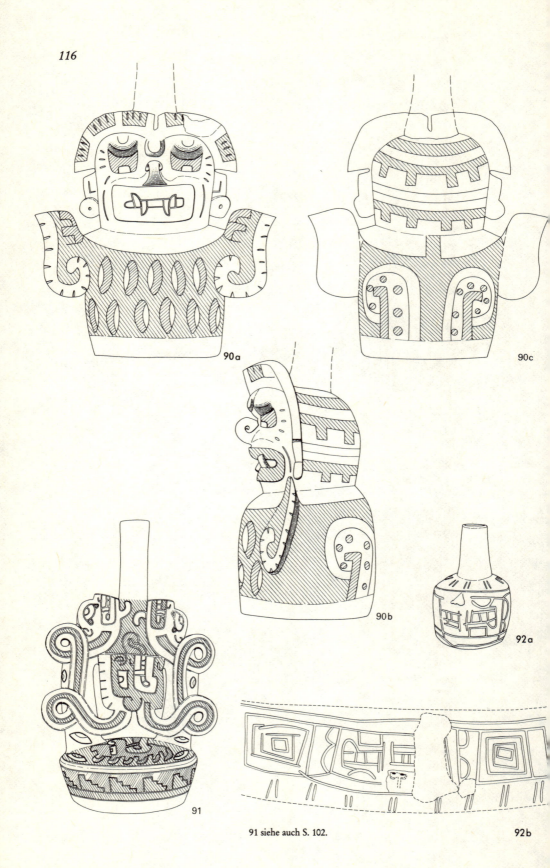

91 siehe auch S. 102.

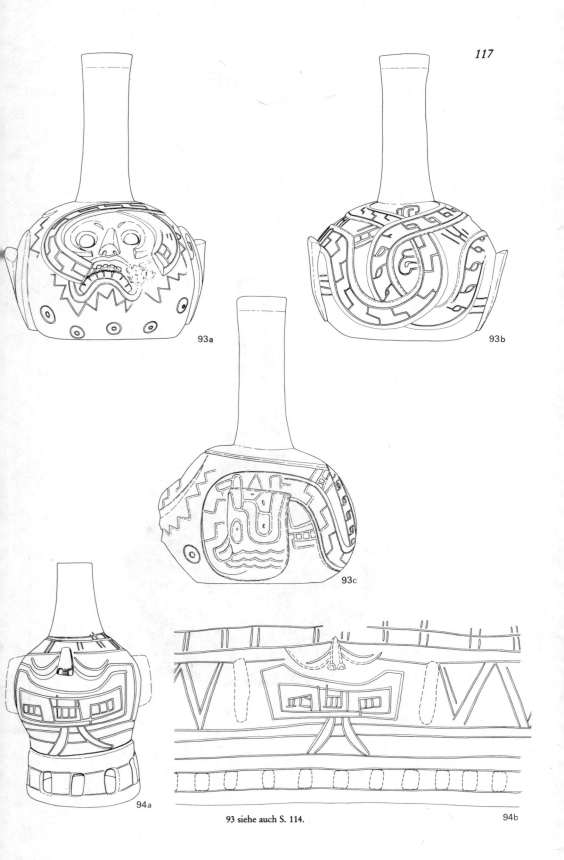

93a 93b 93c

94a

93 siehe auch S. 114. 94b

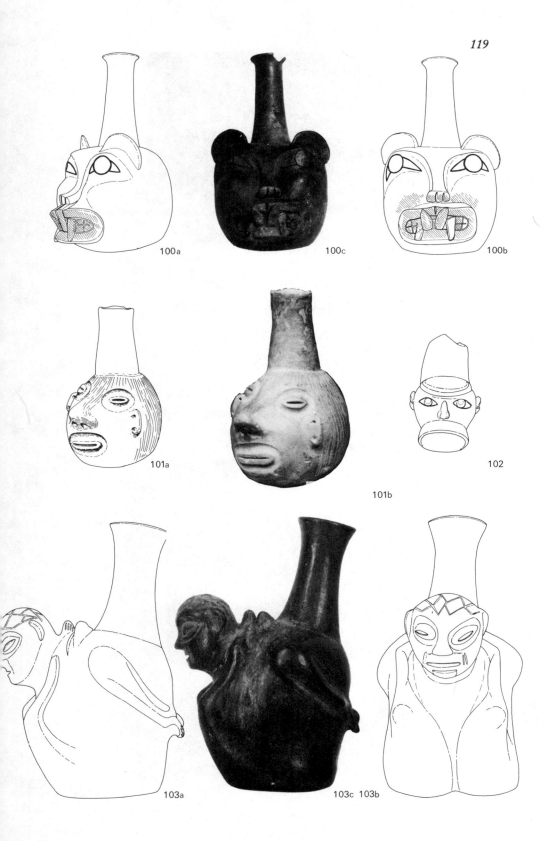

120

106 siehe auch S. 102.

108 siehe auch S. 122. — 121 siehe auch S. 123. — 129 siehe auch S. 124. — 138 siehe auch S. 125. — 139 siehe auch S. 125.

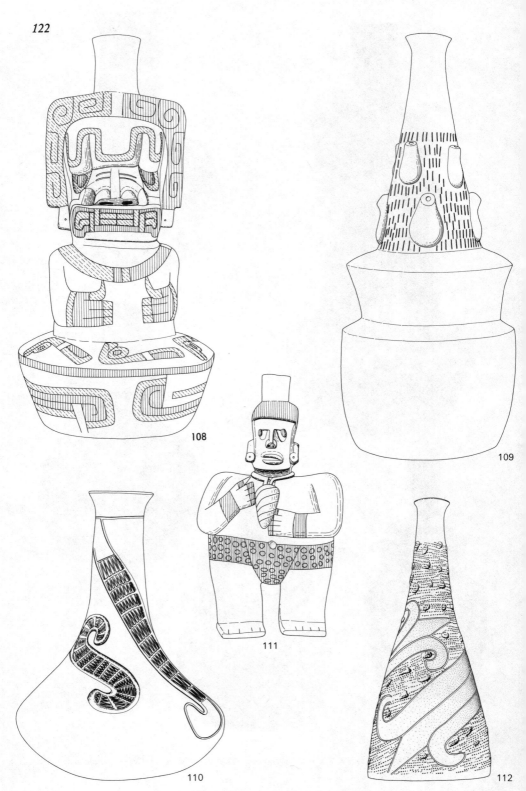

108 siehe auch S. 121. — 112 siehe auch S. 102.

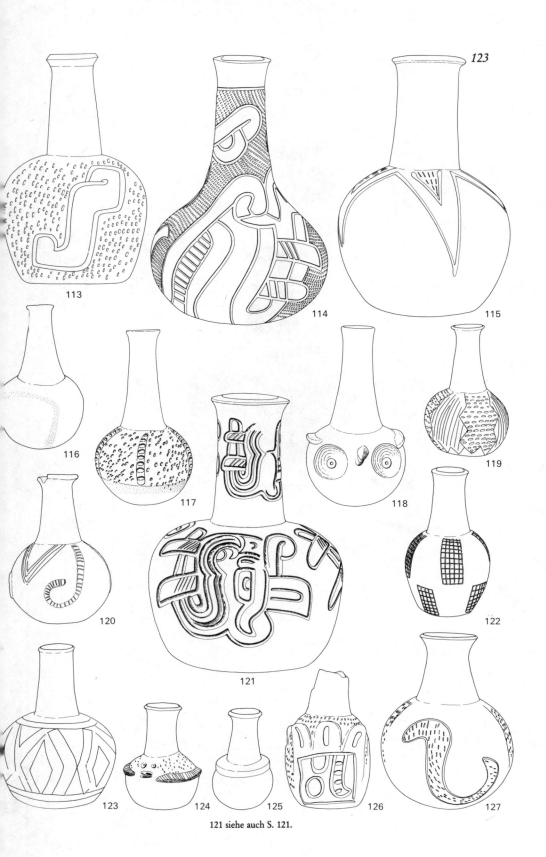

121 siehe auch S. 121.

129 siehe auch S. 121.

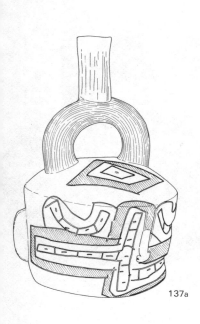

137a

137c

137b

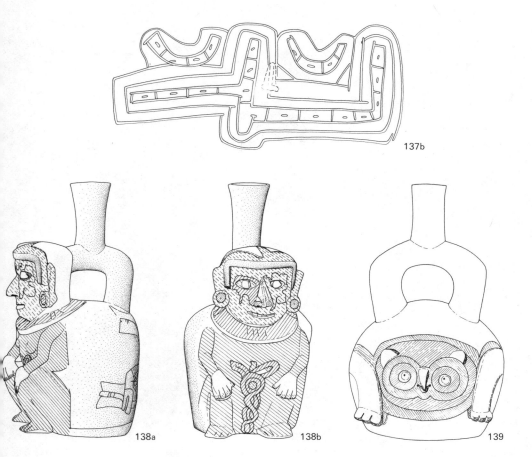

138a

138b

139

138.139 siehe auch S. 121.

126

140a

140b

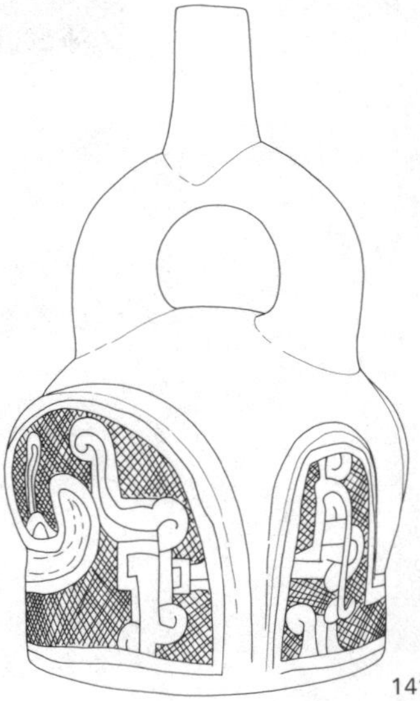

141a

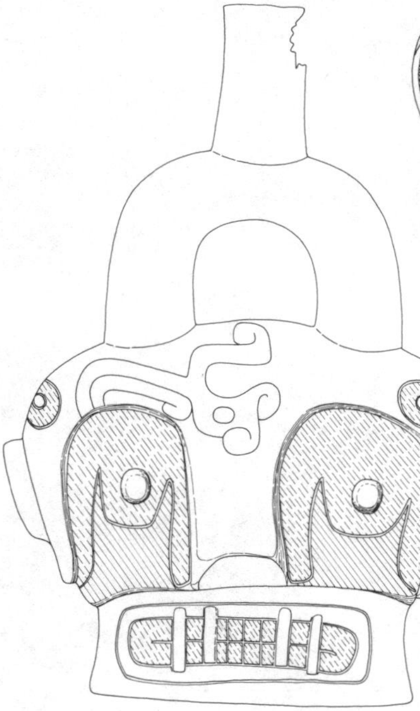

142

141b

143 siehe auch S. 128. — 175 siehe auch S. 134. — 178.179.180 siehe auch S. 135.

128

143 siehe auch S. 127.

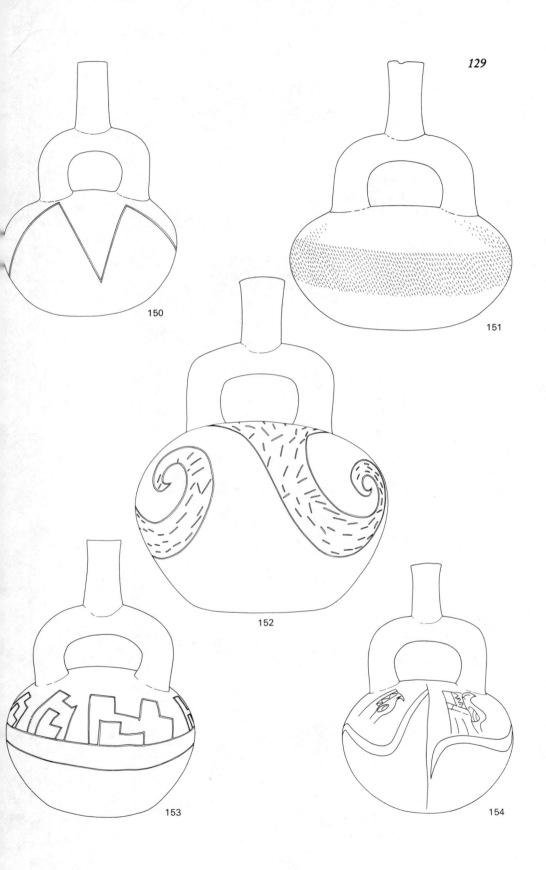

130

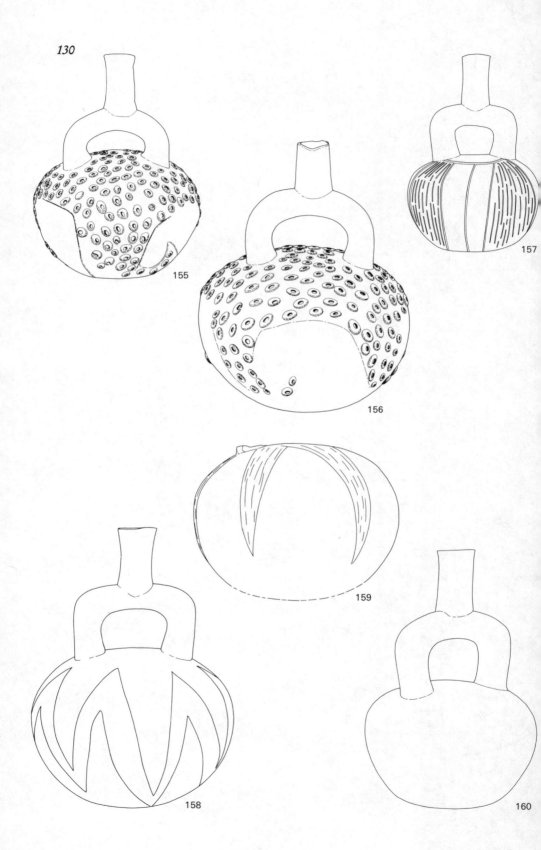

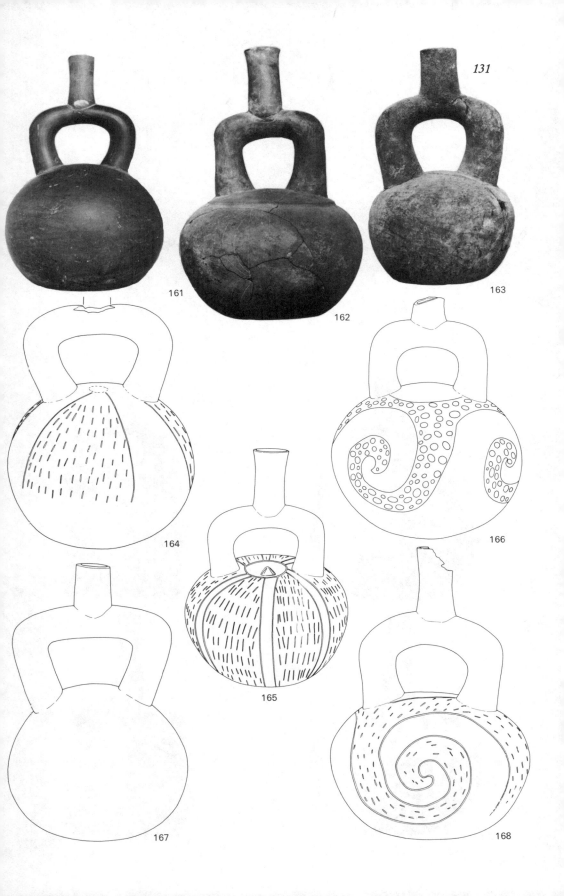

132

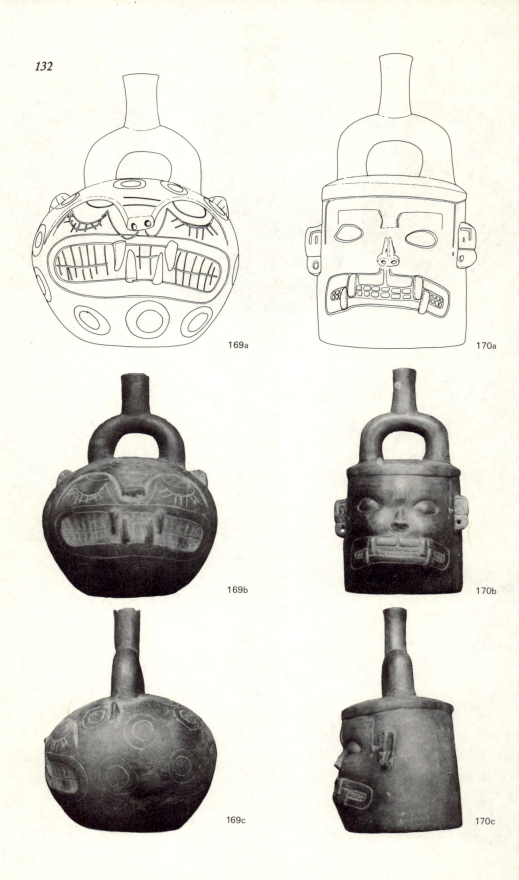

169a

170a

169b

170b

169c

170c

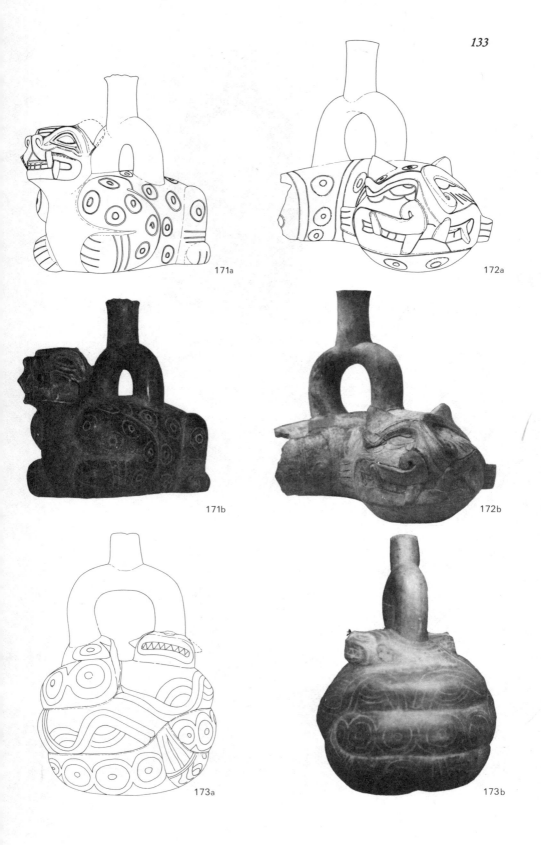

171a 172a
171b 172b
173a 173b

133

175 siehe auch S. 127.

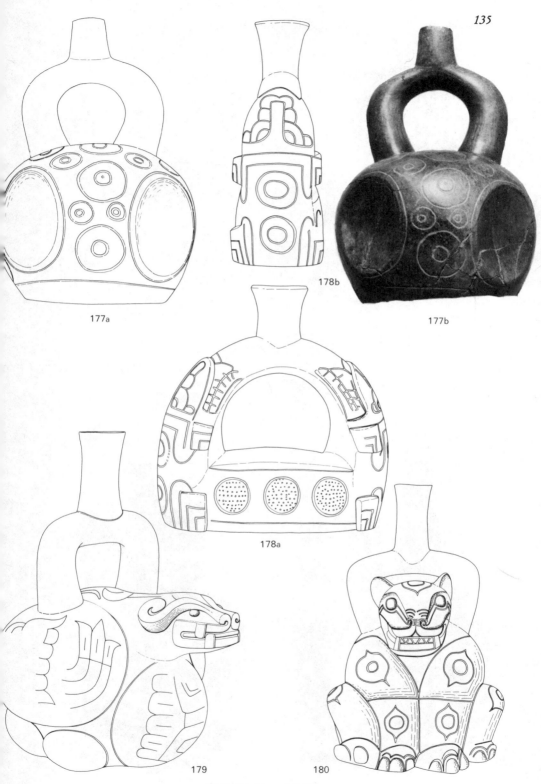

177a 178b 177b
178a
179 180

178.179.180 siehe auch S. 127.

136

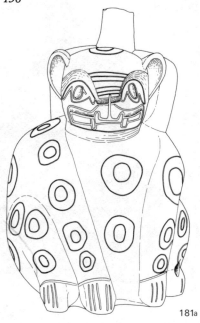
181a

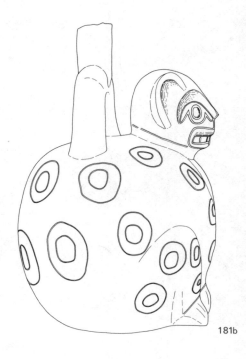
181b

181c

181d

182a

182b

182c

182d

138

183a 184a
184b 185a
186
183b 185b

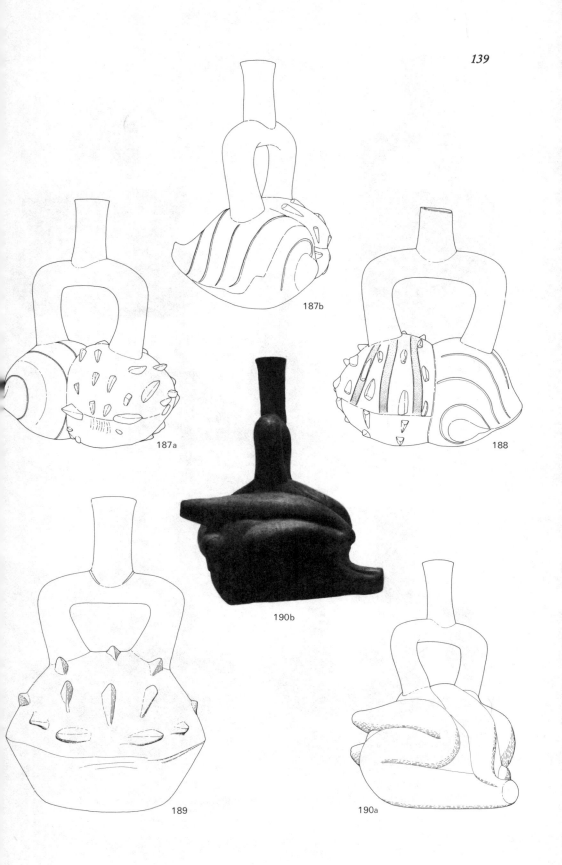

193 siehe auch S. 141. — 206 siehe auch S. 144. — 254.255 siehe auch S. 156—272 siehe auch S. 159.

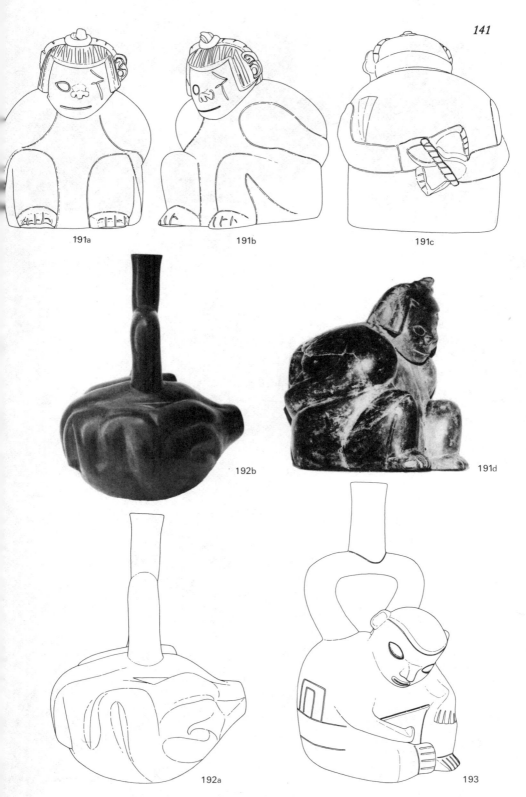

191a 191b 191c
192b 191d
192a 193

193 siehe auch S. 140.

142

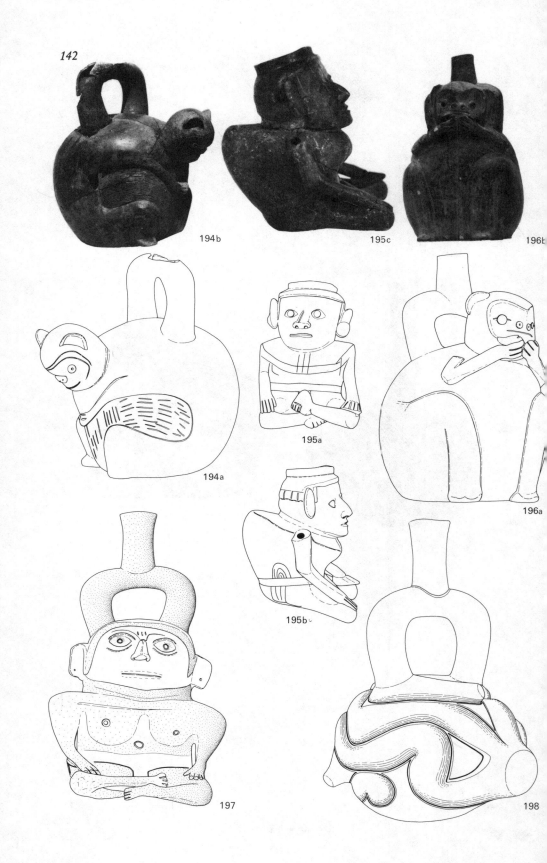

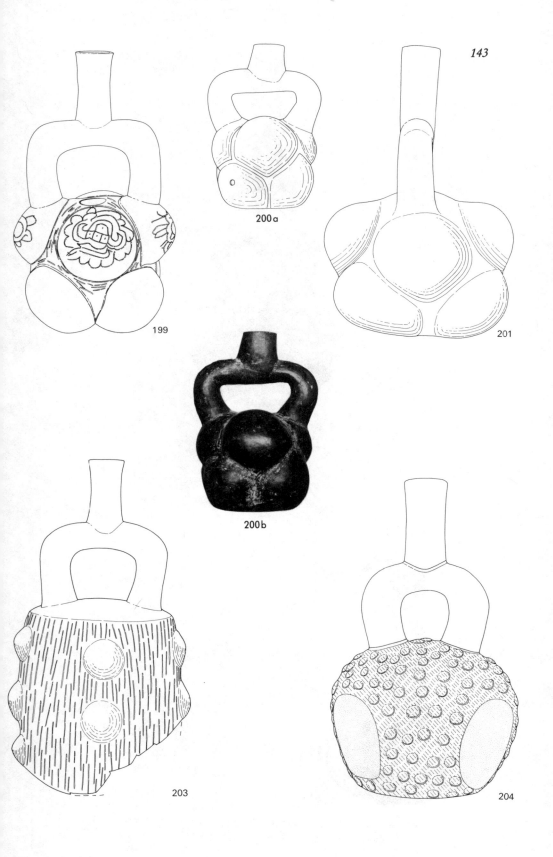

144

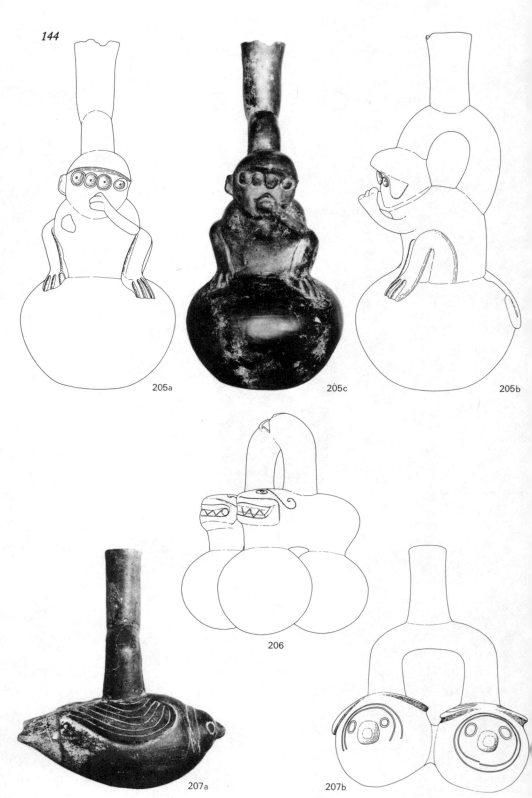

205a 205c 205b

206

207a 207b

206 siehe auch S. 140.

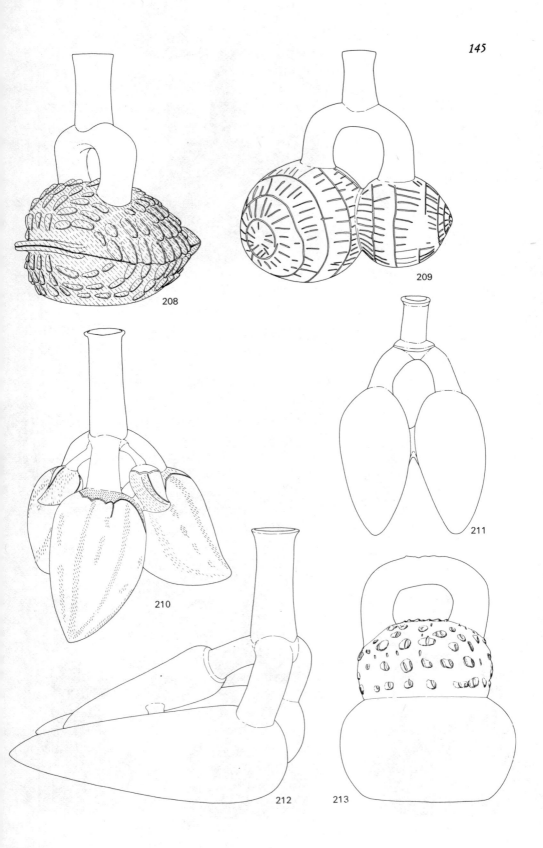

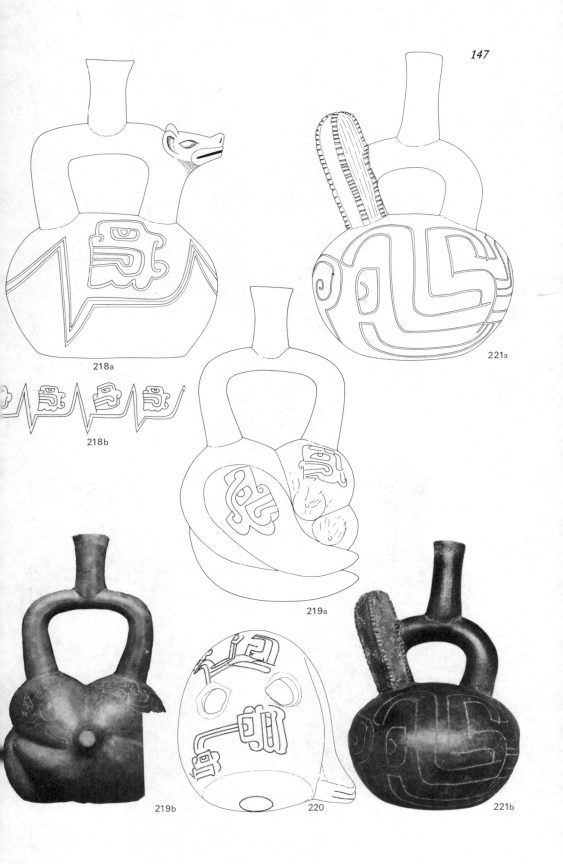
218a
218b
219a
219b 220 221a 221b

148

222a

224

223a

222b

223b

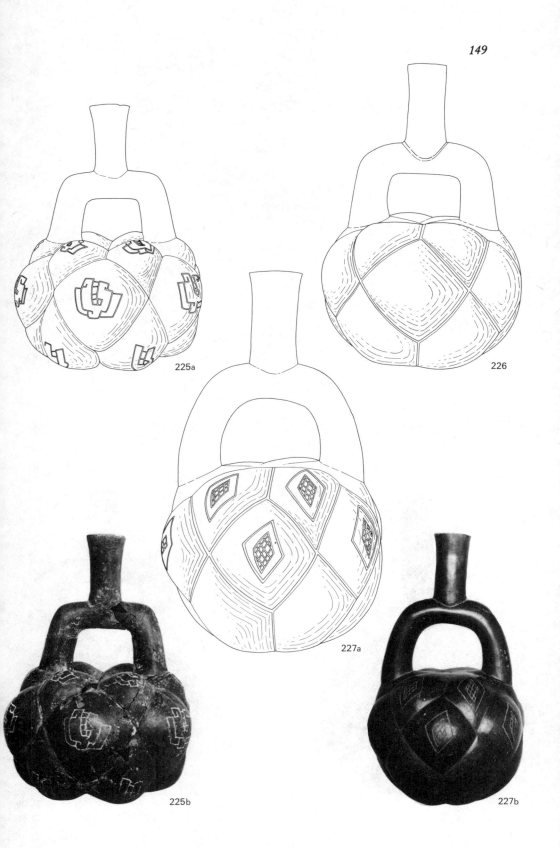

150

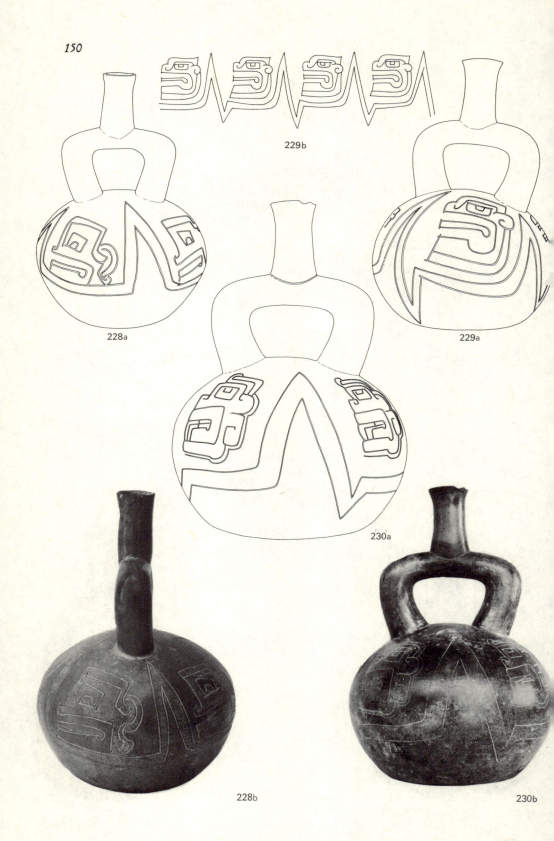

228a 229b 229a

230a

228b 230b

231a

232

233a

234

231b

233b

152

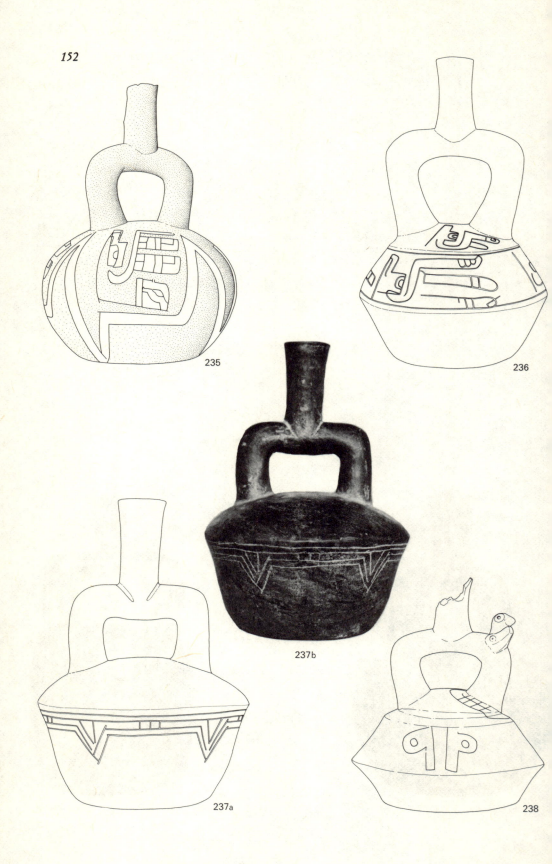

235

236

237b

237a

238

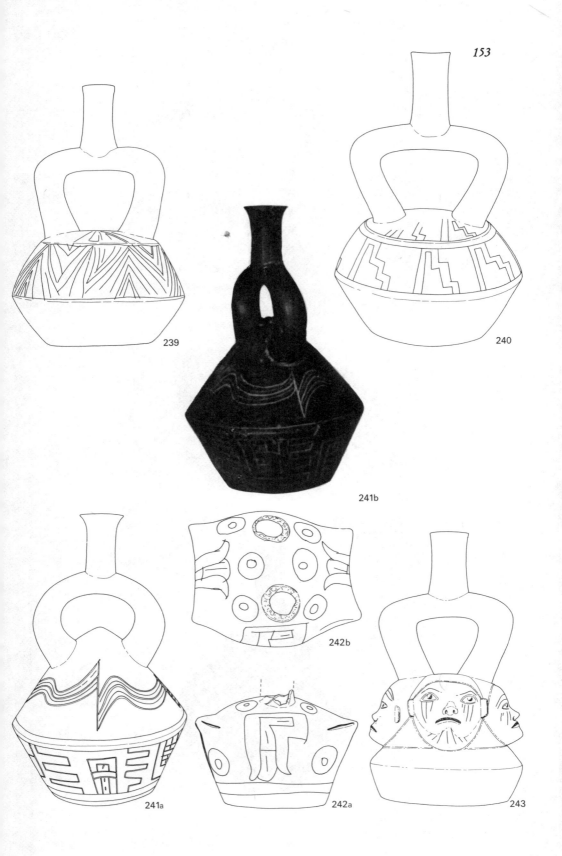

154

244a 244b 244c
245a 246
245b

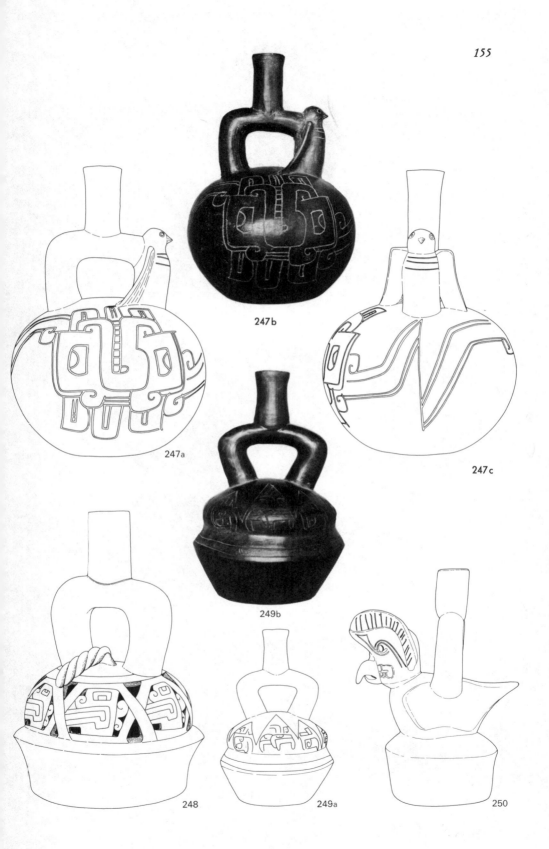

247a
247b
247c
248
249a
249b
250

156

251a 251b 252
253
254
255 256b 256a

254. 255 siehe auch S. 140.

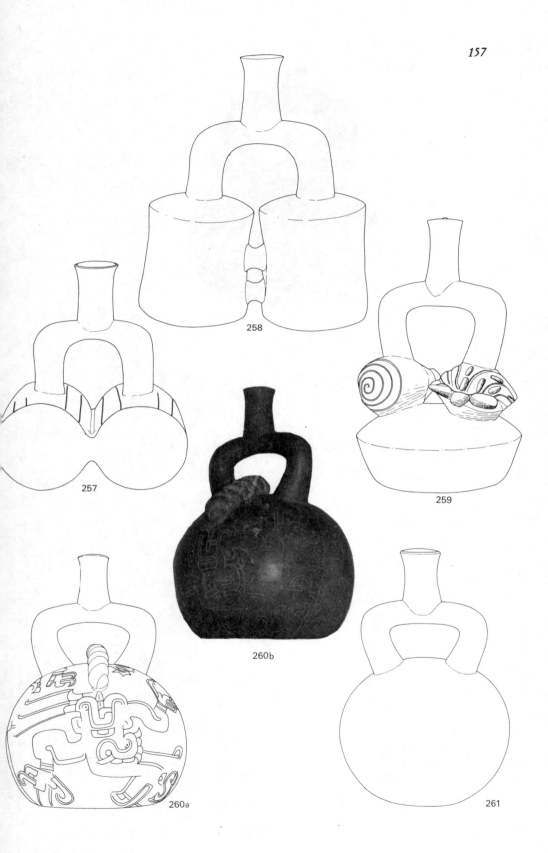

158

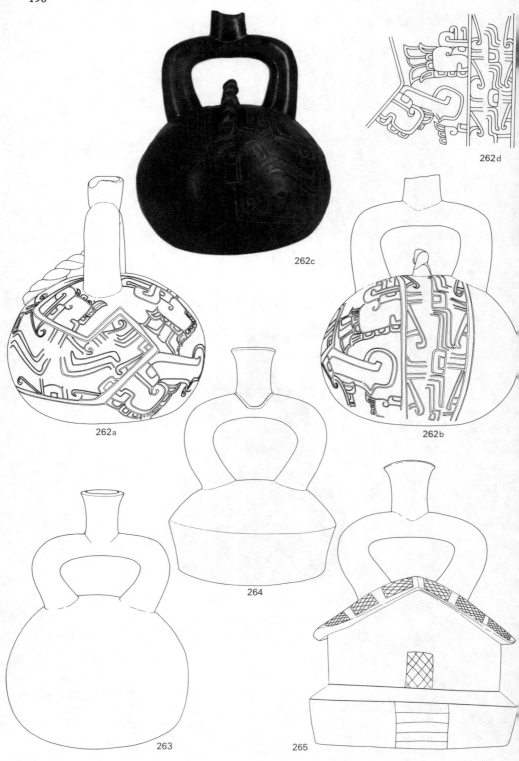

262a 262b 262c 262d

263 264 265

159

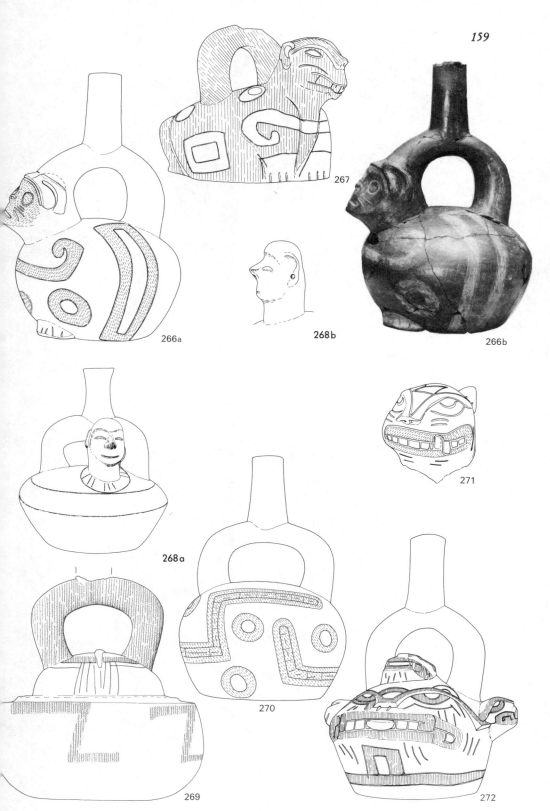

272 siehe auch S. 140.

160

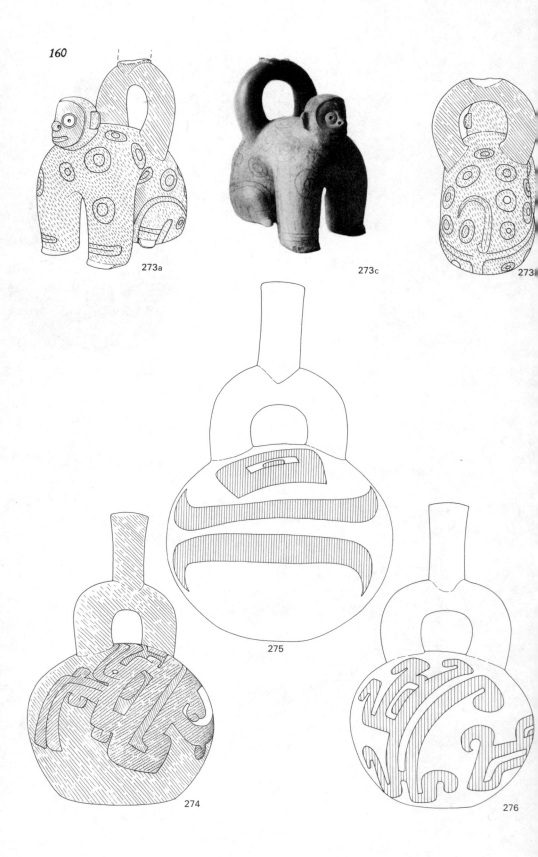

273a 273c 273b

274 275 276

278 siehe auch S. 162. — 281 siehe auch S. 163. — 284 siehe auch S. 164. — 299 siehe auch S. 167. — 328 siehe auch S. 173.

162

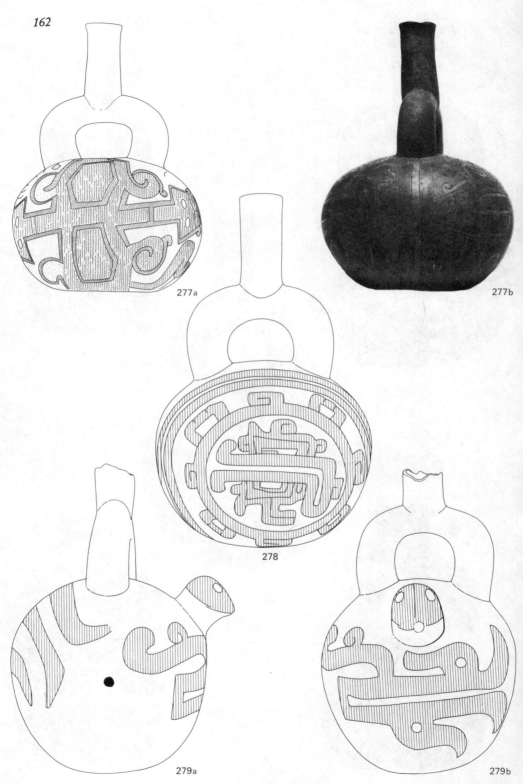

278 siehe auch S. 161.

163

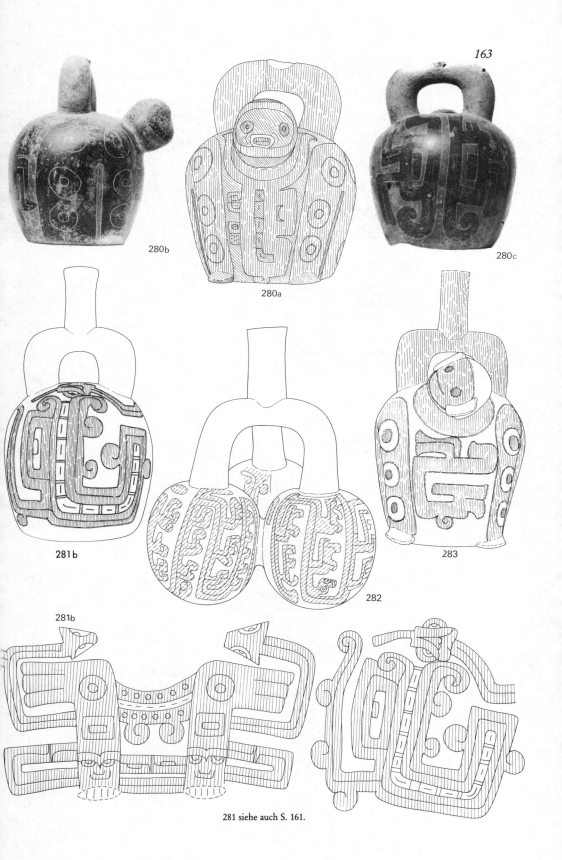

280b 280a 280c

281b 282 283

281b

281 siehe auch S. 161.

164

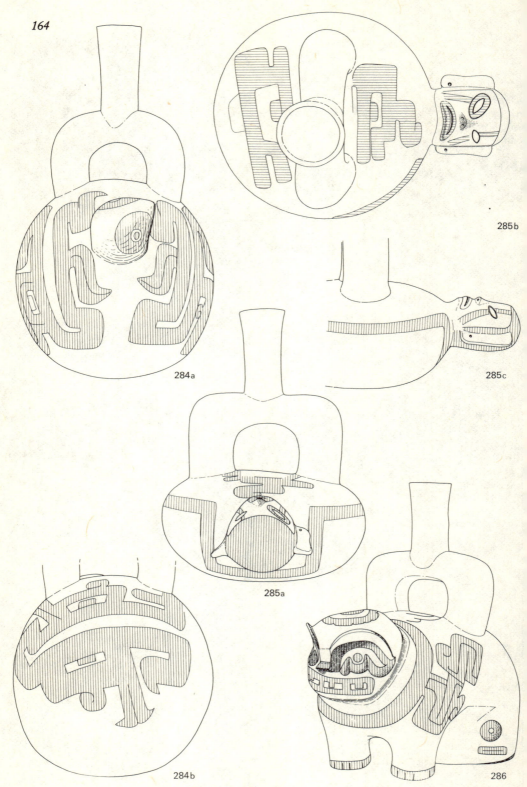

284 siehe auch S. 161.

287
288b
288a
289
290
291
292

165

166

293
294
295
296
297
298

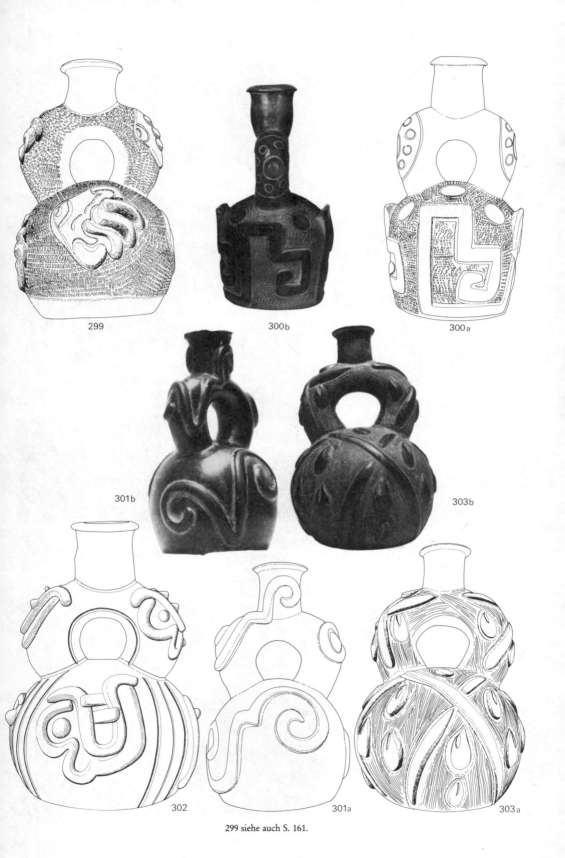

299 siehe auch S. 161.

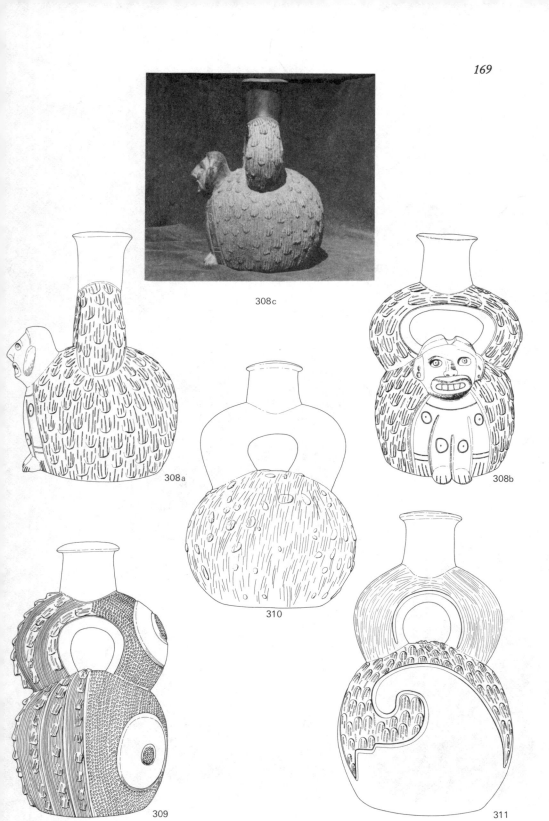

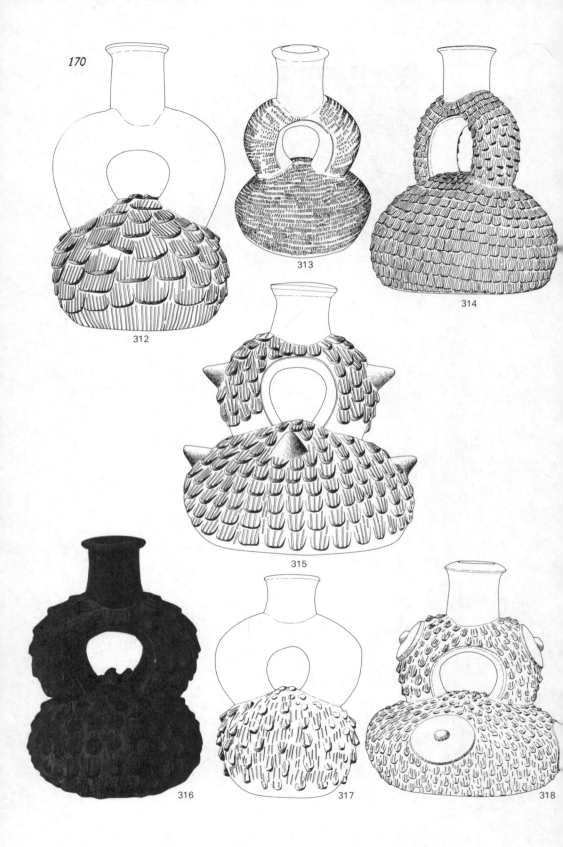
170

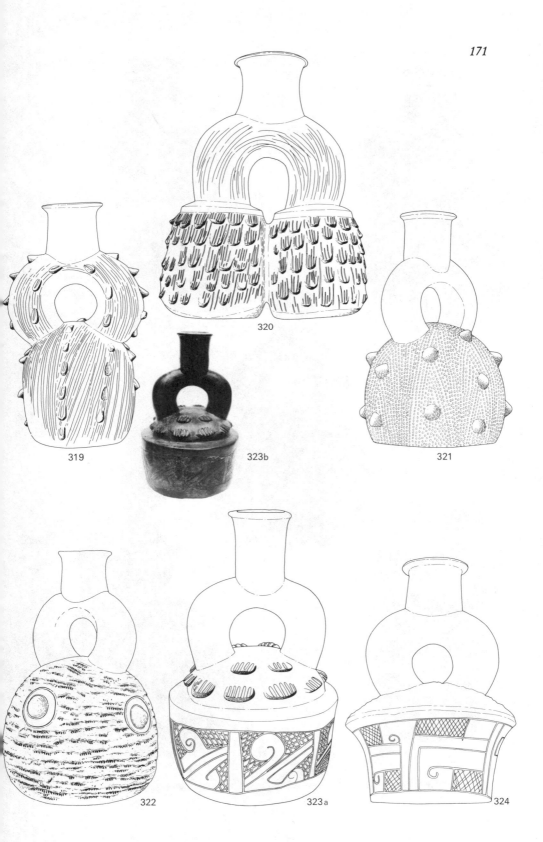

172

329

333

331

350

349

329 siehe unten S. 173. — 331.333 siehe auch S. 174. — 349.350 siehe auch S. 177.

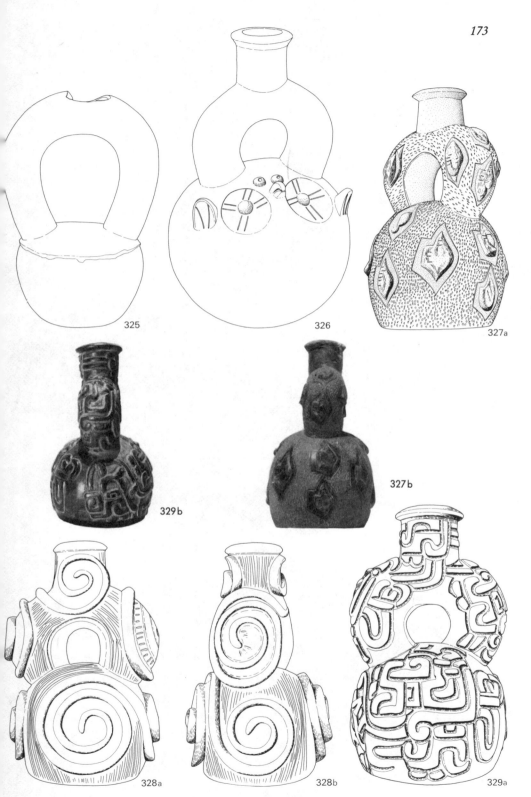

328 siehe auch S. 161. — 329 siehe auch S. 172.

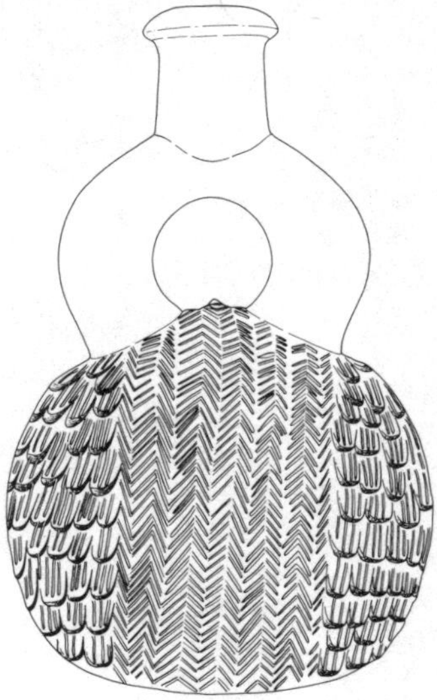

174

330

331

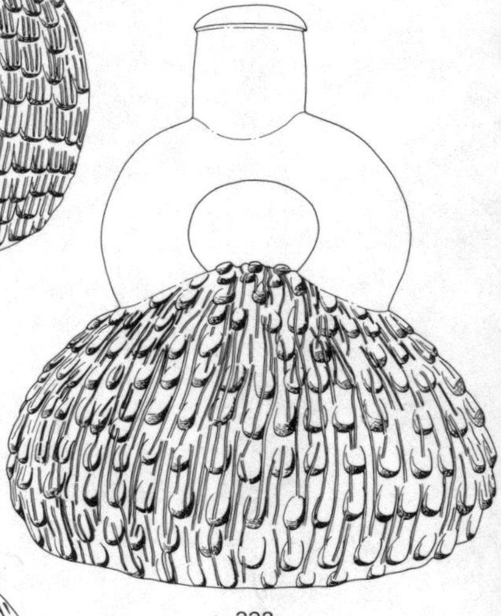

332

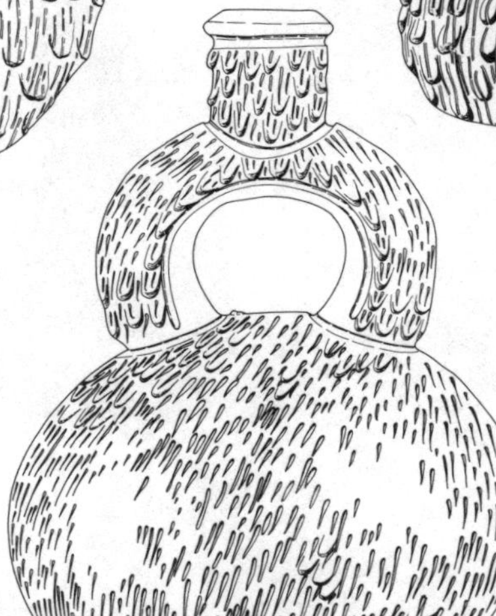

334

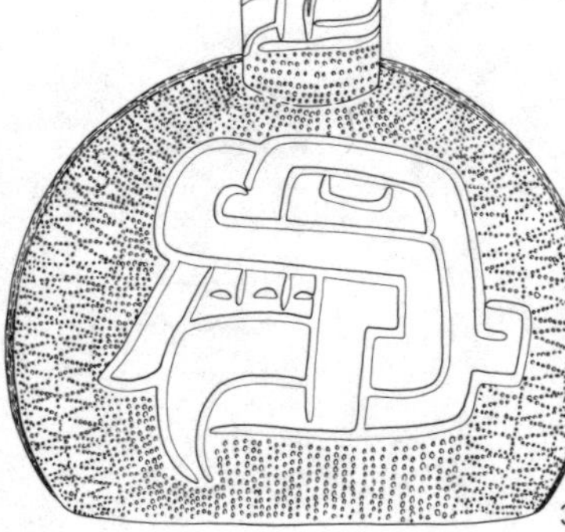

333

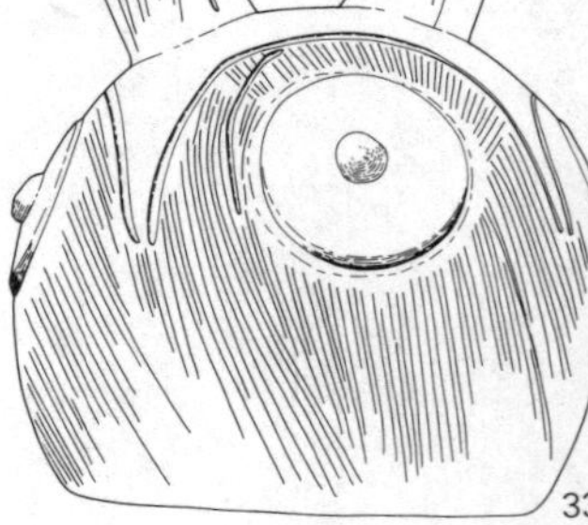

335

331.333 siehe auch S. 172.

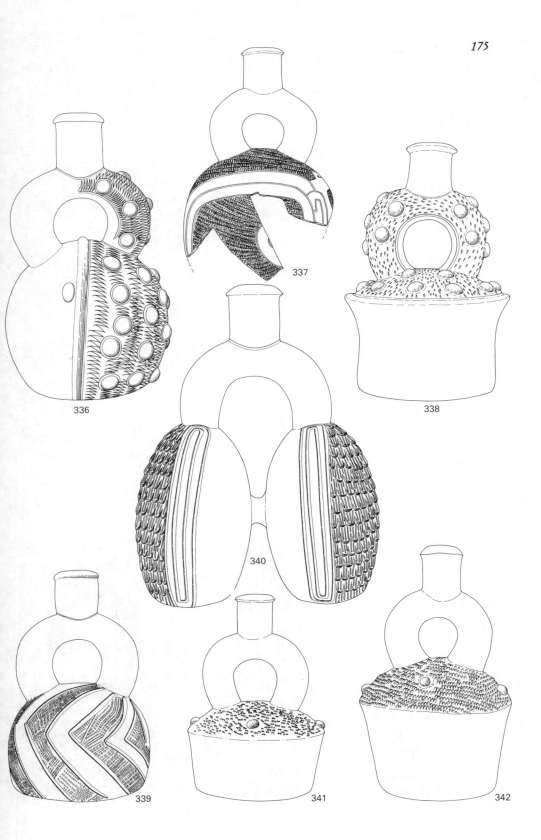

343a

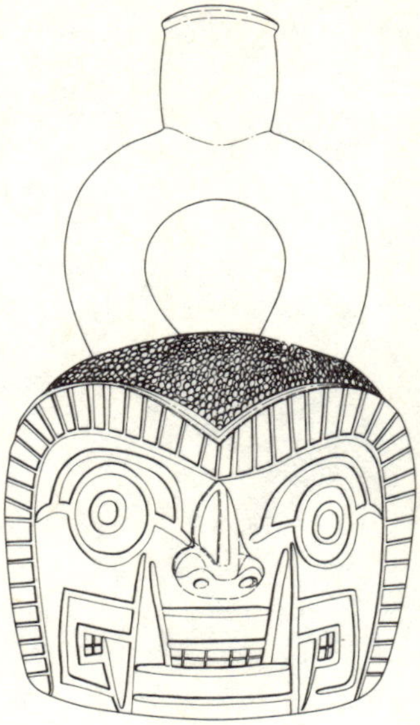

344a

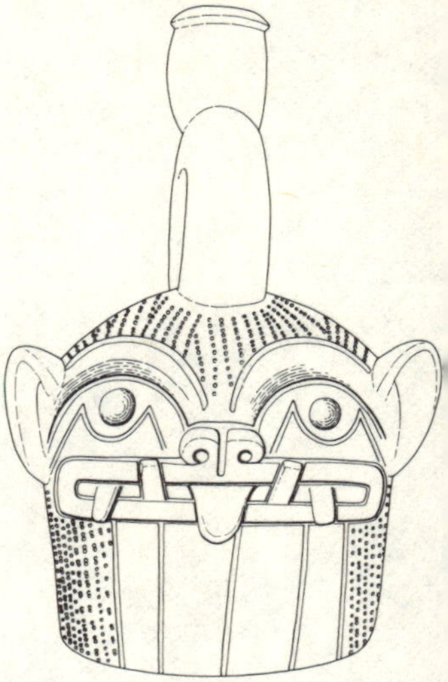

345a

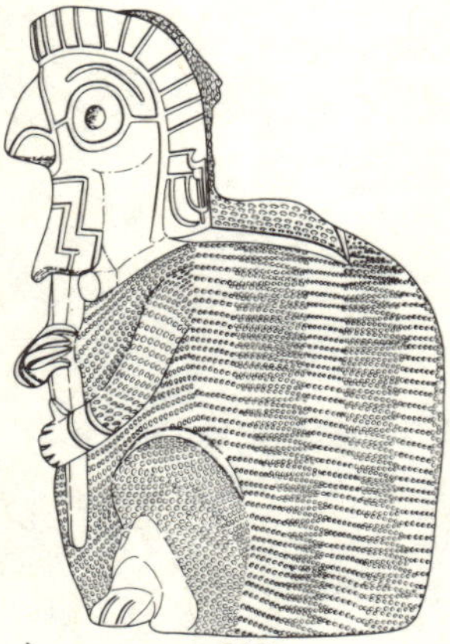

343b

344b

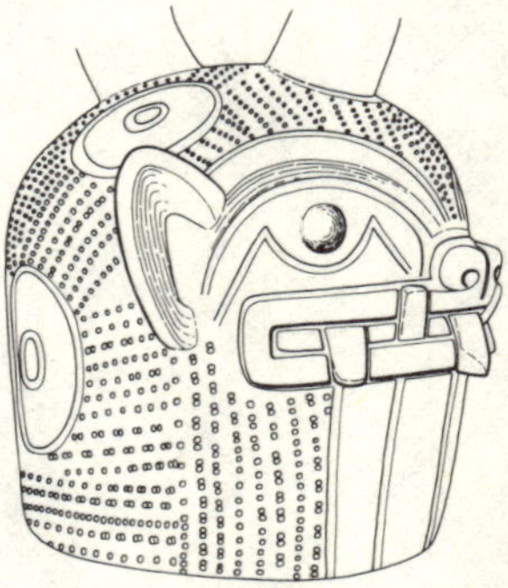

345b

343c

344c

345c

349.350 siehe auch S. 172.

353 siehe auch S. 179.

179

359

353

370

418   419   401

353 siehe auch S. 178. — 359 siehe auch S. 180. — 370 siehe auch S. 182. — 401 siehe auch S. 187. — 418.419 siehe auch S. 189.

359 siehe auch S. 179.

181

182

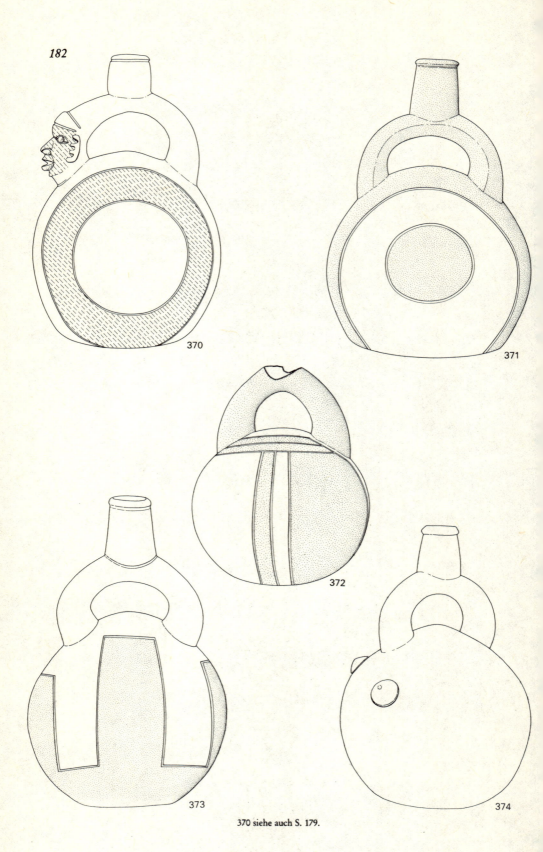

370 siehe auch S. 179.

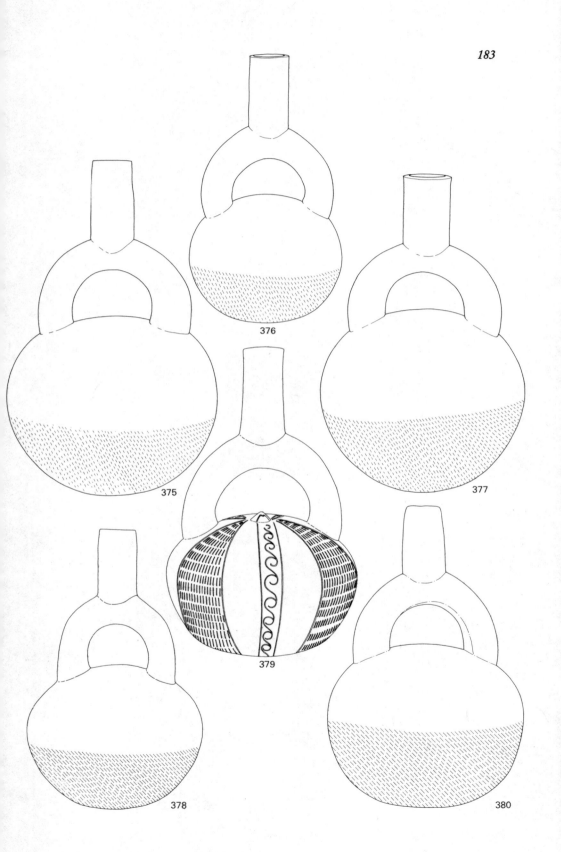

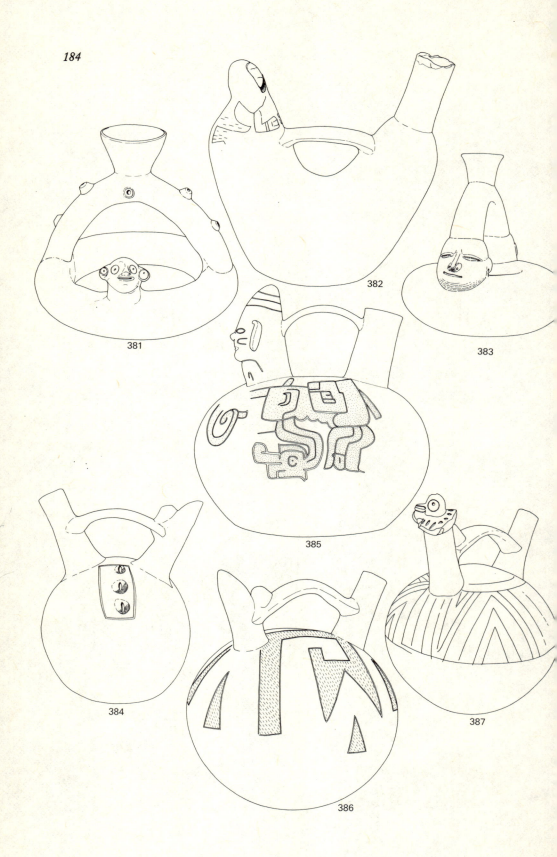

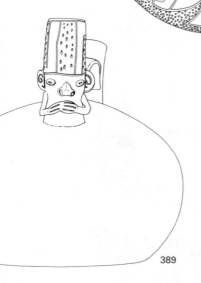

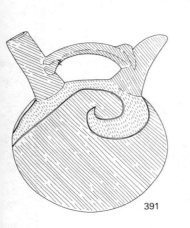

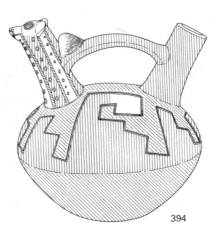

186

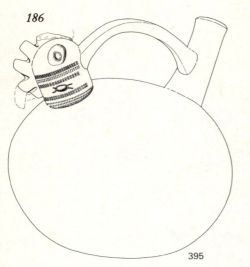
395

396

398 b

397

398 a

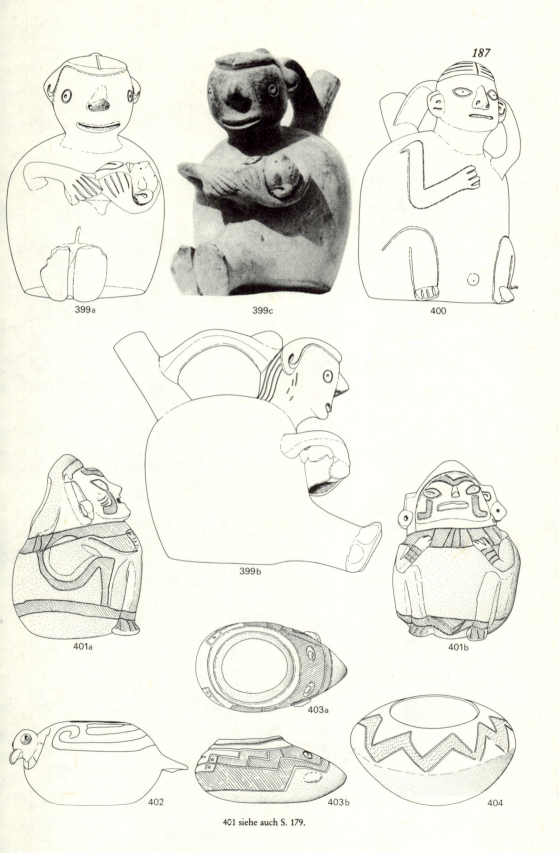

399a 399c *187* 400

399b

401a 401b

403a

402 403b 404

401 siehe auch S. 179.

188

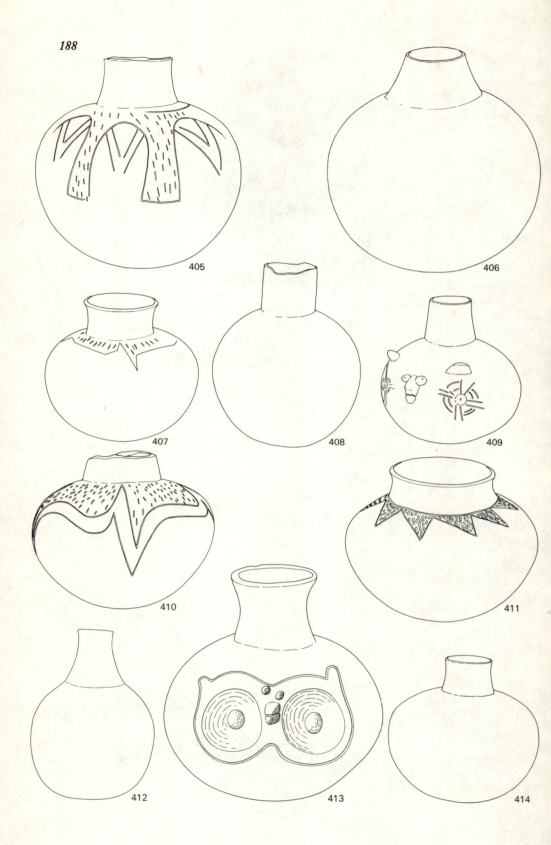

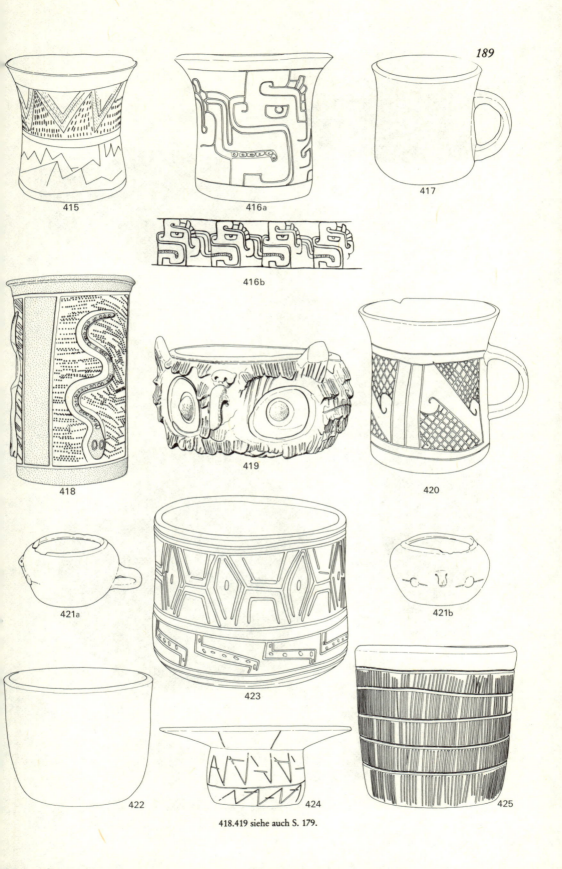

418.419 siehe auch S. 179.

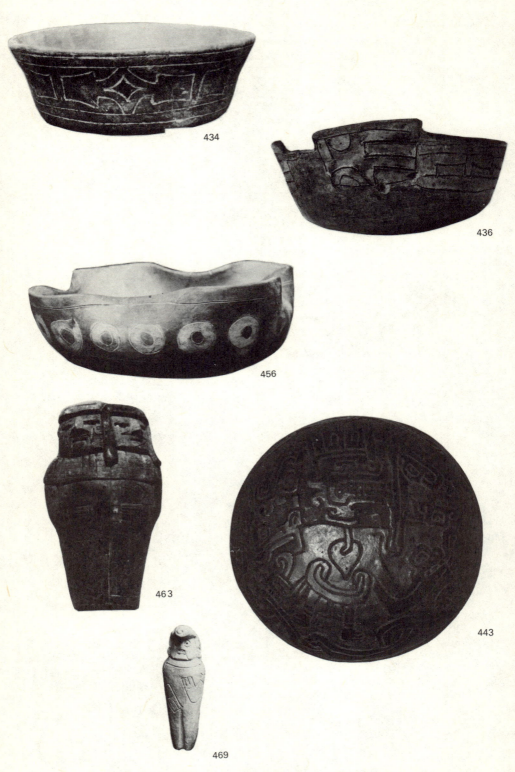

434.436 siehe auch S. 191. — 456 siehe auch S. 194. — 463.469 siehe auch S. 195.

434.436 siehe auch S. 190.

438

439a

439c

439b

440

441

442

193

443 siehe S. 190.

194

456 siehe auch S. 190.

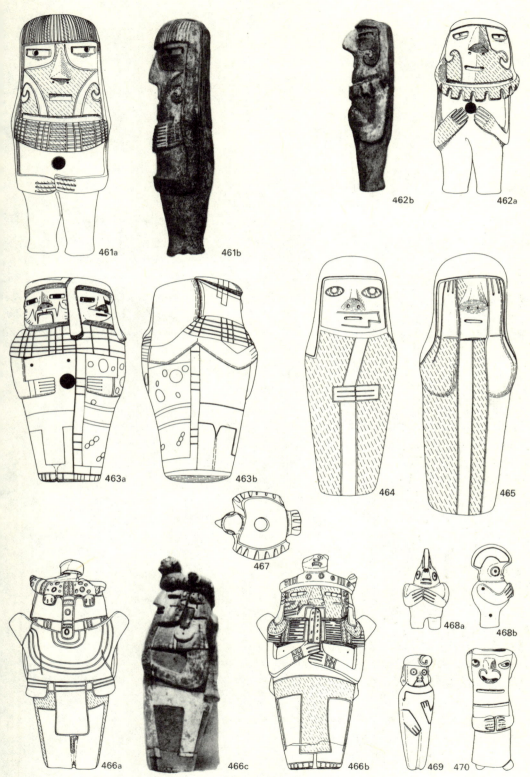

463.469 siehe auch S. 190.

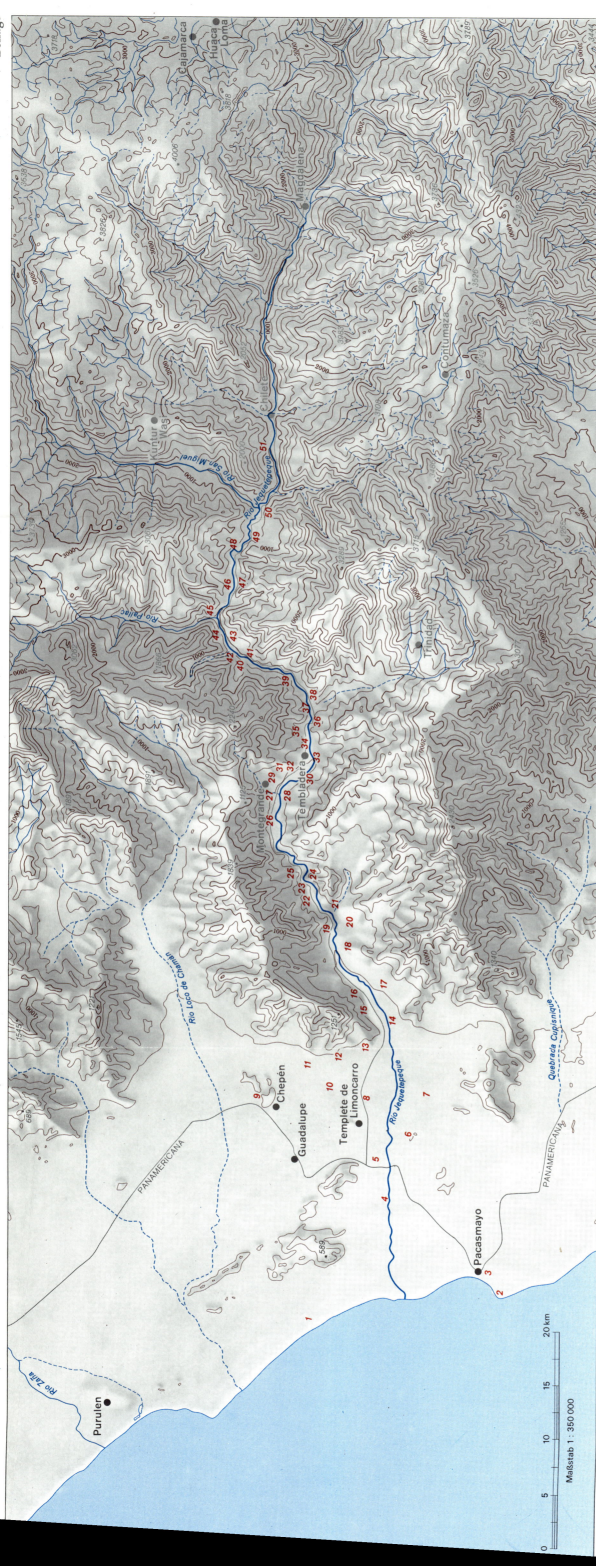